DIE HANDSKRIF TEEN DIE SPIEËL

RYNETTE FARRAR

© 2014. Alle regte word voorbehou.
Foto: Kirsten Ho Fotografie
Model: Bianca Farrar
Boek voorblad: Beautebook
Redigering: Leoni Benghiat

Geen gedeelte van hierdie e-boek mag sonder die skriftelike verlof van die skrywer gereproduseer of in enige vorm of deur enige elektroniese of meganiese middel weergegee word nie, hetsy deur fotokopiëring, skryf of bandopname, of deur enige ander stelsel vir inligtingsbewaring of ontsluiting.

*Hierdie boek word opgedra aan my skoondogter, Bianca Farrar.
Jy is 'n baie spesiale mens en daarom is my hoofkarakter in dié boek op jou gebaseer.*

Inhoudsopgawe

HOOFSTUK EEN 9
HOOFSTUK TWEE 21
HOOFSTUK DRIE 35
HOOFSTUK VIER 53
HOOFSTUK VYF 71
HOOFSTUK SES 91
HOOFSTUK SEWE 109
HOOFSTUK AGT 123

Rhoenay Rheeder het 'n gewone bestaan gevoer totdat haar wêreld in duie gestort het met die moord op haar man. Sy vertrek op 'n soektog na antwoorde en bevind haarself telkens in die moeilikheid en raak selfs deurmekaar met onsmaaklike karakters. Gaan sy daarin slaag om haar man se moordenaar op te spoor en terselfdertyd ongedeerd kan wegstap? En sal sy, wat nog so jonk is, weer liefde vind?

Hoofstuk Een

Unie Hospitaal, Alberton, Suid Afrika
14 September 2013

Rhoenay Rheeder se ooglede en wimpers begin fladder. Stadig maar seker maak sy haar oë oop. Die kamer lyk nie bekend nie. *Waar is ek?* Sy begin stadig om haar rondkyk. Iewers fluister iemand.

Dit lyk soos 'n hospitaalkamer. *Wat maak ek in die hospitaal?* Die gefluister kom van die deur se kant af. By die deur staan 'n suster en te oordeel aan die strepe op sy skouers lyk dit asof die persoon met wie sy saggies praat 'n polisiekaptein kan wees.

Rhoenay spits haar ore toe sy hoor hoe die kaptein vir die suster sê dat die polisie-offisier voor die deur elke agt ure vervang sal word en dat sy hom dadelik moet skakel sodra Rhoenay bykom. *Wie is Rhoenay? Praat hulle van my? Hoekom noem hulle my Rhoenay?*

Sy kyk weer in die kamer rond, en sien sy is alleen. *Wie is ek, wat is my naam en wat maak ek hier in die hospitaal? Hoekom pas die polisie my op? Het ek iemand vermoor?* Die suster draai om en Rhoenay maak haar oë vinnig weer toe. Sy hoor hoe die voetstappe naderkom en by haar bed tot stilstand kom.

Die suster lig haar arm op en druk die koorspen in haar armholte en neem dan haar pols tussen haar vingers. Rhoenay hoor die kaptein se voetstappe ook naderkom.

"Arme mens, siestog! Dat alles so op 'n hoop met die kind moes gebeur!" Die verpleegster klik haar tong simpatiek. "Het julle al 'n idee wie dit gedoen het, kaptein Wepener?"

Wouter Wepener kyk na die beeldskone slapende vrou. "Nie offisieel nie, suster Joubert, maar ek het 'n goeie idee wie die skuldige persone mag wees. Die versteekte dokument wat hulle aan haar gekry het toe hulle haar ingebring het, verstrek 'n paar name. Ek is net nog nie heeltemal seker hoe die legkaart in mekaar pas nie. Sy het definitief op groot tone getrap of gekrap waar sy nie moes nie. Dit sal my taak natuurlik baie makliker maak as sy vir my kan vertel wie haar probeer doodry het ... en waarom."

Dankie tog ek het nie iemand vermoor nie! Maar wie sou my wou probeer doodry? Is dít waarom hulle my oppas? Dink hulle dat die persoon wat my raakgery het gaan terugkom? Sy halwe werk kom klaarmaak? Paniek begin binne haar opwel. *Hier moet ek uitkom en sommer vinnig ook. Maar waarheen? Waar is my huis? Het ek ooit geld? Wie ken ek? By wie kan ek gaan skuil? Waar is my familie? Waarom is daar verbande om my kop en voel dit kompleet asof ek twee koppe het?*

Daar is soveel vrae sonder antwoorde dat Rhoenay kreun sonder dat sy dit bedoel. Suster Joubert laat onmiddellik haar pols op die bed terugval en lig Rhoenay se een ooglid op.

"Hoe lyk dit, Suster, gaan sy dalk binnekort bykom of nie?"

"Soos u weet, Kaptein, was sy alreeds in 'n koma toe hulle haar ingebring het en hierdie is die eerste geluid wat sy sedertdien gemaak het. Dis altyd 'n goeie teken. Ek dink ek moet vir dokter Rademeyer kry om weer 'n draai te kom maak. Ek hoor dat haar familie wat oorsee met vakansie was toe die ongeluk gebeur het, op pad terug is en hulle sal glo vanmiddag 'n draai hier maak."

"Ek sal graag met hulle wil gesels, Suster, as jy my kan skakel sodra hulle hier is?"

"Ek sal so maak, Kaptein."

Nou weet Rhoenay hoekom sy aan 'n drup gekoppel is... omdat sy in 'n koma was sedert hulle haar hier ingebring het. *Hoe lank is ek al hier in die hospitaal?*

Sy hoor hoe die suster en die kaptein al geselsende wegstap na die deur. Sy wag eers totdat hulle uit is en kom dan steunend regop in haar bed. Skerp pyne skiet deur haar kop en sy gryp haar kop met albei hande vas. So sit sy kop onderstebo totdat die pyne begin vervaag en dan eers begin sy om haar rondkyk.

Die slaapklere wat sy aan het is die fraaiste T-hemp en driekwart ski broek met teddiebere op. Iemand het dus vir haar slaapklere gebring anders sou sy in 'n hospitaaljakkie geklee gewees het. Behalwe vir 'n duur Tag-horlosie aan haar een arm en trouringe met knoetse diamante aan haar ringvinger, het sy verder geen juwele aan nie.

Ek is dus getroud. Wie is my man en waarom is hy nie langs my bed nie? Is dit hy wat my slaapklere gebring het en sal hy dalk later weer kom? Wie is die familie wat later gaan kom kuier? Ek kan nie enige familie onthou nie.

Rhoenay maak die bedkassie langs die bed oop, maar behalwe vir 'n paar persoonlike badkameritems is daar niks anders wat haar aandag trek nie.

Sy gaan lê weer en honderde vrae maal deur haar kop. Rhoenay probeer haar bes om haar man se gesig te onthou, maar sonder sukses. Instede van om sy gesig te sien, sien sy vinninge flitse van iets anders wat sy nie kan uitpluis nie... Sy is in 'n studeerkamer. Die meubels is van kersiehout gemaak en is mooi afgerond deur donkerrooiwyn- en groenkleurige fluweelgordyne. Sy kan onthou dat sy deur 'n sleutelgat geloer het terwyl haar hart wild binne haar tekere gegaan het. Sy kon die man duidelik daar sien staan. Hy het sy donker krulle met sy een hand deurmekaar gekrap en om hom rondgekyk. Op sy groot, vet ronde gesig kon sy duidelik die sweetdruppels uitmaak. Sy kon selfs die paniek in sy oë sien. Hy het sy rewolwer op die tafel neergesit voordat hy weer deur die lessenaar se laaie begin krap en alles op die vloer uitgegooi het. Skielik het sy paniekbevange gevoel en geweet sy moet baie vinnig daar uitkom.

Sy probeer dink waar sy was, maar haar geheue laat haar in die steek. Sy onthou daar was dokumente op die lessenaar wat sy vinnig gegryp en voor by haar sweetpak ingedruk het voordat sy na 'n aangrensende vertrek gevlug het. Sy het 'n glasdeur baie stadig en geluidloos oopgemaak sodat die man in die huis dit nie kon hoor nie. Buite, in die skemerlig, het sy eers om haar rondgekyk en toe om die huis gehardloop en by die oop voorhek uit en in die straat af.

Sy was so bly sy het haar sweetpak en 'n paar hardloopskoene aan haar voete gehad wat gehelp het dat sy geluidloos en baie vinnig kon hardloop. Rhoenay onthou sy wou so vinnig as moontlik 'n groot afstand tussen haar en die man in die huis bewerkstellig. Haar asem het gejaag en haar longe het gebrand. Sy het bly omkyk en amper oor haar eie voete gestruikel.

Sy het skielik iets gehoor en toe sy omkyk het sy onder een van die straatligte die groot swart Mercedes Benz-motorvoertuig gesien wat stadig agter haar aangery gekom het. Net die motor se parkeerligte was aan en dit het gevaarlik stil nadergesluip. Sy weet nie waar dit vandaan gekom het nie, want toe sy by die hek uitgehardloop het, was daar niemand en geen motors in die straat nie.

Die laaste vraag wat in haar kop rondmaal is waarom sy iets van 'n skietery sou onthou. *Wie is geskiet en wie het die sneller getrek?* Hulle het haar nie geskiet nie, want die suster en die kaptein het gesê iemand wou haar doodry. *Wie is geskiet? Wie is geskiet?*

Van pure uitputting verval sy uiteindelik in 'n diepe slaap.

Toe sy stemme hoor raak Rhoenay wakker uit haar diep slaap. Sy hou egter haar oë steeds toe.

"Ek kan nie glo dat jou suster so 'n ongelukskind is nie. Eers is Rocco geskiet en toe verloor sy die ongebore baba van die skok. Die dag toe sy my vertel het dat sy besig is om deur Rocco se dokumente te krap om te probeer vasstel wie hom vermoor het en vir watter rede, het ek geweet hier kom moeilikheid!"

Rhoenay se oë vlieg oop maar sy sluit hulle weer net so vinnig. Sy is bly sy het darem familie, maar die twee mense wat sy so pas vlugtig gesien het, is vreemdelinge.

"Ja Ma, maar jy moet onthou sy is 'n tawwe kalant ... en was nog altyd. Sy sal nie sommer gaan lê nie. Siestog, ek sien sy dra nog altyd sy ringe. Sy verlang seker vreeslik na hom. Die twee van hulle was nog altyd onafskeidbaar en na vyf jaar van getroude lewe was hulle nog net so verlief soos die dag toe hulle getroud is.."

So, my man se naam was Rocco. Die naam klink vreemd en Rhoenay probeer weer hard om sy gesig in haar gedagtes op te roep, maar sonder enige sukses.

Rhoenay hoor die saaldeur oopgaan, gevolg deur 'n rustige, diep stem.

"Goeiemiddag, ek is dokter Rademeyer. Ek wil julle net graag op datum bring oor Rhoenay se toestand."

"Middag dokter, ek is mevrou Fowler, Rhoenay se moeder, en dit is my ander dogter, Luanne, Rhoenay se suster."

"Aangename kennis en ek's bly om julle te ontmoet. Rhoenay kan baie dankbaar wees dat die buurman wat oorkant die straat bly gesien het wat aan die gebeur was toe hy in die straat opgery gekom het. Hy het ongelukkig sy motorvoertuig in die proses afgeskryf, maar hy het jou dogter se lewe gered. Sy optrede het gesorg dat die swart voertuig haar net skrams getref het.

"Rhoenay het baie ver deur die lug getrek en haar kop oopgekloof toe sy kop eerste 'n rotstuin getref het. Meneer De Ridder het 'n ander buurman geroep om te help en die twee van hulle het met Rhoenay hier aangejaag gekom.

"Sy was toe alreeds in 'n koma. Ek en my span reken dat die geheueverlies net tydelik van aard sal wees en dat haar geheue vinniger sal terugkom as sy in 'n bekende omgewing, soos haar eie huis byvoorbeeld, kan wees. Die geheueverlies het meer te doen met al die trauma wat sy in die laaste jaar beleef het, maar sy het darem geen breinbeserings opgedoen nie. Sy het in die proses ook 'n paar velle in die rotstuin verloor en 'n paar blou kolle opgedoen, maar dit is alreeds besig om goed te herstel."

"Dokter, hoe vinnig dink u sal sy weer bykom?"

"Mevrou Fowler, dit kan enige oomblik gebeur, of dit kan nog 'n week of twee duur. Niemand is seker nie. Sodra sy bykom, en ek tevrede is met haar vordering, kan sy saam met julle huis toe gaan. O ja, voor ek vergeet ... sal julle asseblief Rhoenay se juwele saam met julle neem? Daar was geen besoeke van familie nie, so daar was niemand aan wie ons dit kon toevertrou nie."

"Alte seker, dokter Rademeyer, ons sal dit saam met ons neem."

"Is daar nog enige ander vrae?"

"Nee dankie, Dokter, ek dink dit is vir eers genoeg inligting. Baie dankie dat u tyd afgestaan het vir ons en dat u my dogter so goed bygestaan het."

"Dis my werk, Mevrou. As u my nou sal verskoon, asseblief, want ek het ander pasiënte wat ook my aandag nodig het. Totsiens, mevrou Fowler, totsiens, Luanne. Lekker dag verder."

"Totsiens, Dokter."

Rhoenay hoor hoe die dokter se voetstappe in die rigting van die deur beweeg en dan in die gang af verdwyn.

"Wat 'n aangename man!"

"Mmmm, baie aantreklik ook, moet ek sê! En dit lyk nie of hy getroud is nie, want daar is nie 'n teken van 'n trouring aan sy vinger nie."

"Luanne! Dis nie nie nou tyd vir muisneste nie! Jy moet eers jou studies klaarmaak!"

"Aag Ma, mens kan nie net al die tyd werk sonder bietjie pret ook nie!"

Rhoenay hoor die saaldeur weer oopswaai en sy herken die stem dadelik.

"Goeiemiddag, mevrou Fowler, ek is kaptein Wepener. Ek verstaan u is Rhoenay se moeder?"

"Goeiemiddag, Kaptein, en bly om u te ontmoet. Ja, ek is Rhoenay se moeder en dis my ander dogter, Luanne. Ons het u naam al voorheen gehoor. U is die kaptein wat Rocco se moord ondersoek, nie waar nie?"

"Goeiemiddag, Luanne. Heeltemal korrek, Mevrou, ek lei die ondersoek na Rocco se moord. Ek verneem van die suster dat dokter Rademeyer julle klaar ingelig het oor wat presies met Rhoenay gebeur het?"

"Dis reg Kaptein, hy het ons vertel. Het u al enige idee wie my kind wou doodry?"

"Ek het 'n idee, Mevrou, maar ek het gehoop dat u my dalk meer inligting sou kon gee. Het Rhoenay dalk iets laat val terwyl sy met een van julle gepraat het net voor die ongeluk?"

Ma en dogter kyk eers na mekaar en toe al kopskuddende terug na Wouter Wepener.

"U sien, toe u dogter by die hospitaal ingebring is, het hulle dokumente binne-in haar sweetpakbaadjie ontdek. Sy het dit waarskynlik probeer versteek. Ek dink dat wie ook al agter haar aan was, eintlik agter die dokumente aan was. Die dokumente gee my 'n paar leidrade om mee te werk, maar ek weet nie hoe die legkaart inmekaar pas nie. Die name in die dokumente gooi my hele ondersoek na Rocco se dood op 'n nuwe pad. Ek vermoed Rhoenay weet wie haar man geskiet het."

"Ek wens ek kon u help, Kaptein, maar behalwe dat Rhoenay eendag vir my oor die telefoon vertel het dat sy dokumente ontdek het wat sal bewys wie verantwoordelik was vir Rocco se dood, weet ek verder niks nie. Sy wou nie te veel besonderhede of name oor die telefoonlyn gee nie. Ek het haar gewaarsku om versigtig te wees, maar sy is en was nog altyd 'n hardekop."

"O wel, dan sal ek maar verder gaan krap totdat Rhoenay self vir my kan vertel wie dit is wat agter die dokumente aan is en hoekom. Ek het opdrag gegee dat die suster my dadelik moet laat weet wanneer sy bykom. Ek sal nou eers verder deur die dokumente gaan snuffel wat ons verlede week in Rhoenay se studeerkamer gaan haal het. Ek het van Rocco se eertydse vennoot, Jan Badenhorst, verneem dat Rhoenay so drie weke gelede by sy kantoor was en dat sy hom gevra het vir 'n sekere boks vol lêers van een van Rocco se vorige kliënte. Die dokumente wat sy by haar gehad het, het uit dié boks gekom. Miskien word ek iets wys as ek deur die res van die dokumente werk."

"Kaptein, hoe veilig is Rhoenay?"

"Mevrou, ons het 'n offisier 24/7 voor haar deur en wanneer sy ontslaan word, sal ons seker maak dat sy veilig is. Ek sal alles reël en u hoef oor niks bekommerd te wees nie."

"Baie dankie, Kaptein, en u moet maar skreeu as daar iets anders is waarmee ons kan help."

"Baie dankie, Mevrou. Luanne. Totsiens tot later." Met 'n knik van sy kop in albei se rigting, verlaat hy die saal.

"Ons kan seker ook nou maar huis toe gaan; jou pa wag vir ons. Die universiteit begin alweer môre en jy moet nog al jou goed bymekaar kry. Help my dat ons haar juwele afhaal en kyk gou vir my in die bedkassie of ons vir jou suster skoon slaapklere moet bring wanneer ons weer kom."

Rhoenay voel hoe haar horlosie en ringe afgehaal word en dan hoor sy hoe Luanne deur die bedkassie krap. "Nee Ma, hier is nog 'n skoon stel klere. Wonder wie het dit gebring?"

"Ons sal wel later uitvind. Kom, laat ons loop."

Rhoenay voel hoe haar ma en suster haar elkeen op die wang soen voordat hulle altwee die saal verlaat. Haar ma se laaste woorde bly by haar: "Dat my pragtige jong kind al deur soveel hartseer en pyn is en nog so sterk kan staan, is 'n wonderwerk. Lekker slaap, my liefste kind." Die geur van haar ma se parfuum is vir Rhoenay 'n bekende geur – een wat sy met veiligheid, warmte en baie liefde assosieer.

Die handskrif teen die spieël

Vrae begin weer in Rhoenay se kop rondmaal en voordat sy aan die slaap raak, besluit sy dat sy môre-oggend haar oë sal oopmaak. Hoe vinniger sy hier uit en by die huis kom, hoe vinniger sal sy antwoorde op al haar vrae vind.

Hoofstuk Twee

Die volgende oggend waar Rhoenay in haar hospitaal bed lê, kan sy deur die venster sien hoe die son sy kop agter die heuwel uitsteek. Die sonstrale verwarm die kamer en laat haar sommer goed voel. Daar is 'n geklingel van koppies en pierings in die gange soos die personeel regmaak vir ontbyt.

Omstreeks kwart oor ses word die saaldeur oop gestoot en 'n suster met grys hare en van middelmatige lengte maak haar verskyning. Haar uniform is kraakwit en netjies gestryk. Sy loop tot by die voetenent van die bed waar sy besig raak met die papierwerk. Rhoenay lê haar doodstil en dophou. Suster Joubert maak 'n paar aantekeninge op die verslag, neem dan die koorspen en stap tot reg langs die bed.

Die oomblik wat suster Joubert langs haar bed tot stilstand kom lig Rhoenay haar arm op. Suster Joubert maak 'n snaakse rukbeweging met haar lyf; dit lyk kompleet asof sy op iets warms getrap het! Haar oë is so groot soos pierings en haar mond val oop. Mens sou sweer sy het in 'n spook vasgeloop!

"Ooiee……. jou klein klits, hoe laat jy my nou skrik!"

Die suster se gesig is so komieklik dat Rhoenay nie kan help om te lag nie. "Ekskuus, Suster, ek het nie bedoel om jou te laat skrik nie."

Suster Joubert vee oor haar voorkop asof sy sweet wegvee en sê dan: "Jy kan nie glo hoe bly ek is dat jy wakker is nie. Ek sal dadelik vir dokter Rademeyer moet laat weet!" en sy voeg ook sommer dadelik die daad by die woord en draf-stap by die saal uit.

Dit voel skaars soos 'n paar sekondes later en suster Joubert, gevolg deur dokter Rademeyer, maak hul verskyning langs haar bed. Rhoenay kan sien waarom Luanne van hom hou. Hy is omtrent ses voet drie met spiere wat sy wit oorjas laat bult. Sy blonde hare is netjies na die een kant gekam en hy het die blouste oë wat enige vroulike pasiënte ommiddellik van al hul pyne sal laat vergeet.

"Goeiemôre, Rhoenay, en hoe voel jy vanoggend?"

"Ek voel heel goed en uitgerus, dankie, Dokter".

"Sê my, kan jy enigsins onthou wat met jou gebeur het?"

"Nee, Dokter, ek dink jy moet my maar alles vertel." Rhoenay het vroeër reeds besluit dat sy niemand gaan vertel dat sy alles gehoor het terwyl hulle om haar gepraat het nie. Sy wil al die inligting eers self verwerk.

Dokter Rademeyer begin en hy vertel vir Rhoenay alles wat sy alreeds weet. Rhoenay lê doodstil en luister. Dokter Rademeyer eindig met 'n "Ek gaan jou nou vinnig ondersoek en seker maak dat alles reg is" en hy voeg ook sommer dadelik die daad by die woord.

"Ek wil hê dat jy moet rustig wees en moenie te veel bekommer oor dit wat jy nie kan onthou nie, want jou geheue sal stadig maar seker terugkom sodra jy in jou eie bekende omgewing is."

"Dankie, Dokter, dis goed om te weet".

Dokter Rademeyer voltooi sy ondersoek en verklaar: "Alles lyk goed en ek dink jy kan vandag huis toe gaan. Ek wil jou weer so oor 'n week in my spreekkamer sien om seker te maak dat jy darem vordering maak."

"Baie dankie, Dokter, vir alles wat jy dusver vir my gedoen het. Dit sal wonderlik wees om my lewe weer te hervat."

Sekondes nadat dokter Rademeyer die saal verlaat het kom suster Joubert weer ingewals met 'n "Ek het klaar jou moeder gebel en sy is seker al op pad om jou te kom haal. Ek het ook vir kaptein Wepener laat weet dat jy bygekom het en dat jy nou-nou huis toe sal gaan. Hy is die kaptein wat aan jou saak werk en hy het gesê dat hy jou vanmiddag by jou huis sal besoek."

"Baie dankie, Suster, dit was baie gaaf van jou."

Suster Joubert raak doenig met die drup wat nog aan haar arm gekoppel is. "Dokter het gesê dat ons jou drup kan afhaal, maar hy vra dat die verbande om jou kop nog moet aanbly tot môre-oggend".

Suster Joubert verwyder al die pypies waaraan sy gekoppel was en dan word 'n pen en 'n vorm in Rhoenay se hand gedruk. "Sal jy asseblief net vir my jou ontslagvorm teken?"

Rhoenay neem die pen en teken – sonder om twee keer te dink – haar naam op die vorm en dan kyk sy af na haar geskribbel. Sy kan duidelik die van "Rheeder" uitmaak. Sy oorhandig die vorm aan suster Joubert.

"Jy moet asseblief vir meneer De Ridder sê ek stuur groete as jy hom sien."

"Wie is meneer De Ridder?" Dit is uit voordat Rhoenay besef dat hulle genoem het dat hy die buurman is wat haar ingebring het.

"Ekskuus, ek het vir 'n oomblik vergeet jy ly aan geheueverlies. Meneer De Ridder is jou buurman wat jou lewe gered het. En o wee......... is hy 'n aantreklike man! Hy het al hierdie susters en verpleegsters op hol gehad toe hy vir jou kom kuier het. Hy is ook die een wat elke aand vir jou jou oornagsak met skoon klere gebring het."

"Ek sien, ek sal definitief namens Suster vir hom groete stuur!"

"Ek moet loop want daar is baie werk wat wag. Sien jou bietjie later," en met dié woorde verdwyn suster Joubert weer deur die saaldeur.

Nadat suster Joubert die kamer verlaat het, klim Rhoenay van die bed af en maak die bedkassie oop. Heel onderin kry sy 'n oornagsak waarin sy alles pak wat in die kassie is. Tussen die goed is 'n ligpienk somersrokkie en 'n paar silwer sandale. Sy bloos toe sy die klein stukkies onderklere bekyk. Sy hoop nie aantreklike "De Ridder" het dit self uitgekies nie! Sy sal dit solank gaan aantrek terwyl sy vir haar ma wag.

Sy loop na die badkamer wat in die een hoek van die kamer geleë is. Nadat sy haar slaapklere vir die somersrok verruil het en terwyl sy haar hande was, vang haar oë haar eie spieëlbeeld vas.

Sy sien 'n skraal vrou van so drie-en-dertig jaar oud met lang, blink donker hare wat onder die verbande uitsteek. Haar oë is 'n snaakse kleur en kan beter beskryf word as 'n mengsel tussen blou en grys. Sy merk die begin van 'n paar lagplooitjies om haar oë op. Sy sien perfek-gevormde lippe met 'n sterk vierkantige gesigvorm. Haar vel, alhoewel bleek op die oomblik, is

Die handskrif teen die spieël

vlekkeloos. Hoë gevormde wangbene en prominente wenkbroue rond die prentjie af. "Aangename kennis, Rhoenay Rheeder, bly te kenne," kan sy nie verhelp om met haarself in die spieël te praat nie.

Binne 'n halfuur word die saaldeur oopgestoot en 'n goed geklede, kort, klein en fyn geboude vroutjie met sagte blonde hare wat in 'n *bob*styl tot op haar skouers strek en vriendelike blou oë kom na haar toe aangestap met uitgestrekte arms waar sy in 'n gemakstoel in die een hoek sit. "Ai my arme kind, ek's so bly jy het bygekom! Jy moes liewer saam met ons gekom het vir die oorsese vakansie soos ons jou gevra het, dan het al hierdie dinge nooit met jou gebeur nie!"

Rhoenay word sag in haar arms toegevou en heen en weer gesus asof sy nog 'n baba is. 'n Groot soen word op haar voorkop geplant. Die bekende geur van haar moeder se parfuum stoot weer in haar neus op. Dan onthou sy dat haar moeder nog altyd 'n dame was wat van "Red Door" gehou het.

Haar ma help haar uit die gemakstoel en neem dan Rhoenay se oornagsak in haar een hand en met die ander arm ondersteun sy Rhoenay asof sy kruppel is. Rhoenay laat haar maar begaan. Hulle gaan groet die susters en bedank hulle nogmaals vir alles voordat hulle in die lang gang afloop na buite waar die son nou in sy volle glorie skyn. Dit is 'n wonderlike lentedag buite.

Rhoenay word deur die parkeerarea begelei na waar 'n grys SLK Mercedes Benz sportmotor staan met die registrasienommer, "Die Ma GP". Rhoenay wys na die nommerplaat en haar ma haal net haar skouers op en met 'n "jy weet mos maar jou ma het nog altyd 'n humorsin gehad" word sy tot binne op die passasiersitplek gehelp.

Terwyl hulle deur die dorp ry, babbel haar ma aanmekaar en ongesteurd voort. Sy vertel vir Rhoenay dat sy by haar eie huis in baie goeie hande sal wees in die vorm van haar jarelange bediende, Siena. Sy verneem haar ouers woon net om die hoek van waar haar eie huis geleë is. Sy wonder of sy na hulle probeer hardloop het toe die swart Mercedes haar gevolg het. Sy sou tog nie net 'n rigting ingeslaan het sonder om te weet waarheen sy op pad is nie?

Hulle nader groot sekuriteitshekke wat bedek is met grasdakke. Rhoenay lees op 'n groot bord: "Meyersdal Ekologiese Landgoed" en dan maak haar ma die valhek oop met 'n afstandbeheer en hulle ry deur. Rhoenay kyk nuuskierig om haar rond na die tuine en die groot verkeersirkels wat bedek is met die allermooiste inheemse plante. Daar is 'n verskeidenheid natuurlike dekgrasse en strelitzias staan oral in blom.

Die huise kan eerder as klein paleise beskryf word en almal is in natuurlike kleure geverf wat perfek inskakel by die natuur. Die eienaars van die huise het definitief almal monumente vir hulleself hier gebou! In een stadium hou die rye huise op en daar is net oop veld rondom hulle. Hulle ry om een draai en die volgende oomblik sien Rhoenay 'n kameelperd. Hy staan heel rustig en vreet aan 'n doringboom, ongesteurd oor die motors wat nou en dan by hom verbyry.

Glenis Fowler verlaat die pad en skakel die motor af sodat Rhoenay die kameelperd kan waardeer. Die kameelperd vertrou nie die stilte nie en hy besluit om dieper die veld in te loop. "Kom dat ons huis toe gaan, want ek is nou baie lus vir 'n lekker koppie tee," en met dié skakel Glenis weer die motor aan en ry in die pad af. Hulle ry teen 'n steil bult op vanwaar daar 'n fantastiese uitsig oor die landgoed en die dorp in die verte is.

"Uit en tuis," verklaar Glenis toe sy die motor tot stilstand bring voor 'n groot roomkleurige dubbelverdiepinghuis. Die huis het twee groot pilare by die ingang wat strek tot by die tweede verdieping. Dit beeld 'n baie besonderse en imposante ingang uit en laat Rhoenay dink aan die oudtydse Egiptiese pilare wat oral te siene is in Egipte. Die vensterrame, motorhuisdeure en die rame om die balkonne is in 'n ligbruin kleur geverf wat perfek inskakel by die roomkleur van die res van die huis. Daar is dubbelmotorhuise aan beide kante van die ingang. Die hekke staan wawyd oop. Die tuin is kreatief uitgelê en oral is struike in blom en hier en daar sien sy 'n tuinbankie waar mens kan gaan sit om die tuin te kan geniet.

"Wie bly almal in die huis?" kan Rhoenay nie help om te vra nie.

"Net jy en Siena op die oomblik en voorheen natuurlik Rocco, jou man, voordat hy geskiet is."

"Maar so 'n groot huis vir net die twee van ons is mos onnatuurlik!"

Glenis glimlag vir haar dogter met 'n "Rocco se plan was om die kamers vol kleintjies te vul". Die voordeur swaai oop en 'n plomp bruinvrou met 'n voorskoot om die middel kom aangedrafstap. Rhoenay skat haar om en by vyftig jaar oud. Haar arms is wydoop en Rhoenay word toegevou en teen haar bors vasgedruk. "Ou Siena is so bly jy is terug. Hierdie huis is so eensaam sonder meneer Rocco en mevrou Neitjie. Kyk hoe lyk jy, het hulle nie vir jou kos gegee in daardie hospitaal nie? Ek sal vir jou nou baie lekker kos moet maak sodat ons weer bietjie vetjies om hierdie maer lyfie van jou kan kry!"

Rhoenay word om die middel geneem en summier in die rigting van die huis gestuur en by die voordeur ingelei. "Siena gaan gou vir julle lekker tee maak" en Siena verdwyn by 'n sydeur in. Rhoenay kyk verward om haar rond. Sy staan in 'n groot voorportaal wat 'n dubbele volume het. So ver as wat haar oog kan sien is daar oral marmerteëls wat hier en daar deur langhaarmatte bedek word. Spieëls met goudkleurige rame versier die mure. Daar is 'n brug op die tweede verdieping wat regoor die voorportaal strek. Daar is ook twee dubbeldeure, en deur die een kan sy duidelik 'n eetkamertafel met twaalf stoele uitmaak. Die twee enkeldeure aan beide kante van die voorportaal is natuurlik die ingang tot die motorhuise. Daar is 'n stel trappe wat na bo lei. In die middel van die voorportaal hang 'n kandelaber vol kristalballe. Rhoenay het lanklaas so 'n mooi lig gesien.

Voor haar sien sy nog 'n stel dubbeldeure en sy loop agter haar ma aan in die rigting van dié deure. Swart leerstoele en wynrooigordyne verleen 'n warm gevoel aan die sitkamer. Rhoenay merk 'n gryskop man in een van die stoele op. Hy kyk op en onmiddellik verskyn daar 'n groot glimlag op sy gesig toe hy Rhoenay gewaar. "My kind! Ek's so jammer ek het nie vir jou kom kuier in die hospitaal nie, maar ek het van my ribbetjies gebreek op die lughawe op pad terug huis toe. Een van daardie bande waarop mens by die lughawe loop het besluit om my af te gooi. Ek het soos 'n besie daar rondgerol. Jou pa het dus soos gewoonlik 'n meesterlike vertoning gelewer die oomblik toe ons op OR Tambo Internasionaal geland het. Kom hier dat ek jou immers ordentlik kan groet!"

Rhoenay loop nader en Gavin Fowler probeer om regop te kom, maar hy gryp onmiddellik na sy linkersy en sak weer terug in die gemakstoel. "Nee, Pa, sit asseblief! Hallo, Pa." Rhoenay soengroet haar pa en probeer hom saggies 'n drukkie om sy skouers gee sonder om hom seer te maak.

Sy ligblou oë is vriendelik. "Hallo, my kind, dis goed om jou weer te sien. Ons almal het so na jou verlang en ons het ons boeglam geskrik toe Siena ons oorsee bel om ons in te lig oor wat met jou gebeur het. Jy moet versigtig wees, my kind, want ek dink jy het dalk op die verkeerde tone getrap. Hierdie mense het nie geskroom om Rocco so 'n jaar gelede dood te skiet nie en hulle gaan nie skroom om dieselfde met jou te doen as jy in hulle pad kom nie."

"Ek kan nie veel onthou nie, Pa, so ek reken ek's vir eers veilig." Siena kom met 'n skinkbord ingeloop wat sy op die koffietafel reg langs haar ma neersit en stap weer uit. Hulle kuier lekker vir die volgende twee ure voordat hulle na die eetkamer geroep word. Siena het vars brood gebak en dit word voorgesit met 'n tuisgemaakte hoenderslaai. Rhoenay kom nou eers agter hoe honger sy regtig is toe die geur van die vars gebakte brood in haar neusgate opstoot.

Sowat 'n uur nadat hulle geëet het, groet haar ma en pa met die belofte om elke dag 'n draai te kom maak. Rhoenay word ook breedvoerig verduidelik waar sy hulle huis- en telefoonnommers sal kry. Siena word gevra om mooi na Rhoenay om te sien en nadat haar pa met 'n groot gekreun in die passasiersitplek ingehelp is, vertrek hulle.

Rhoenay en Siena loop weer die huis binne en nadat Siena seker gemaak het dat die voordeur gesluit is, draai sy na Rhoenay met 'n "Mevrou Neitjie, meneer Rocco het altyd aangedring dat julle bietjie rus op 'n Sondagmiddag en hy wou ook nooit gehad het dat ek kook oor die naweke nie, want dit was julle twee se stokperdjietyd saam. Jy en meneer Rocco het baie van kook gehou en julle het ure lank in die kombuis gekuier terwyl julle die kos voorberei het. Na sy dood het jy aangegaan met die gewoonte. Ek weet jy sal my dalk nodig kry, maar ek wil nie in jou pad wees nie. Ek sal vir jou aandete maak as jy nie kans sien nie. Jy kan my maar enige tyd roep op die interkomstelsel as jy iets nodig het."

"Baie dankie, Siena. Ek waardeer alles wat jy vir my doen. Moenie jouself bekommer oor aandete nie, ek sal self vir my iets gaarmaak om te eet sodra ek honger is. Die dokter het gesê dat ek baie vinniger sal regkom as ek in my eie huis is. Ek het alleentyd nodig om weer te kom waar ek was voor my ongeluk. Ek belowe ek sal jou roep as ek jou nodig het."

Siena wys vir Rhoenay waar die interkom is en watter knoppie om te druk om haar in die hande te kry. Met 'n "Totsiens, Mevrou, sien jou môre-oggend", verdwyn Siena by die agterdeur uit. Rhoenay hoor hoe die deur van buite gesluit word. Sy is nou alleen in haar kombuis. Sy kyk om haar rond. Die kaste is van ligte okkerneuthout gemaak. Oor die kaste strek swart marmer werksoppervlaktes. Al die elektronies apparate is modern en silwerkleurig. Daar is net een groot venster met 'n rolgordyn wat oop staan. Deur die venster sien sy 'n groentetuin al langs die muur af. Die tuin is in 'n uitsonderlike toestand wat Rhoenay laat wonder of daar 'n voltydse tuinier is.

Rhoenay stap na die vrieskas toe. Sy maak die deur oop en dan staan sy al die etikette en bekyk. Hoendervleis, beesvleis, varkvleis, skaapvleis, vis, groente en allerlei. Sy trek die vislaai oop en netjies verpakte visse lê die hele laai vol gepak. Dis duidelik dat dit verpak is vir 'n enkele persoon. Rhoenay besluit op tongvis vir aandete. Nadat sy die vis op 'n bord geplaas het om te ontdooi en sy deur die yskas gekyk het en gelukkig is dat alles daar is wat sy benodig om 'n slaai te maak vir aandete, stoot sy die een deur na die motorhuis oop.

Voor haar staan twee swart motorvoertuie. Die naaste een is 'n BMW Z4 *Roadster* en langs hom 'n BMW X4. Sy kan nie help om te glimlag toe sy die twee nommerplate bekyk nie. "Hers GP" en "His GP". In die ander motorhuis vind sy 'n wit Toyota dubbelkajuitbakkie, 'n motorboot onder 'n seil, 'n vierwiel-motorfiets en 'n koningsblou Yamaha R6 motorfiets. Sy kan nie help om te wonder hoekom sy na 'n jaar nog al die voertuie besit nie.

Sy voel skielik moeg en uitgeput. Dit voel vir haar soos 'n baie lang dag alhoewel die horlosie teen die muur sê dis nou eers twee-uur in die middag. Sy besluit om 'n bietjie te gaan lê. Sy sal later die res van die huis bekyk.

Sy loop met die trappe op en sonder dat sy dink waarheen sy gaan, loop sy oor die brug en maak die dubbeldeure voor haar oop. Sy stap die hoofslaapkamersuite binne. Dit bestaan uit 'n sitkamer aan die een kant en die slaapkamer aan die ander kant. Daar is swart en grys kantgordyne met digte bypassende hoofgordyne voor al die vensters. Die sitkamerstel is grys en swart en hier en daar is daar 'n rooi strooikussing. Die teëls is grys en daar is 'n swart-en-grys langhaarmat, met hier en daar 'n titseltjie rooi op die vloer.

Die hoofslaapkamer is in dieselfde kleurskema as die sitkamer met 'n swart slaapkamerstel. Die deken op die bed pas perfek by die gordyne en daar is 'n paar rooi strooikussinkies op die bed en by die voetenent van die bed is 'n ligrooi kombers oor die bed gegooi.

Die groot portret bokant die bed trek haar aandag. Dis haar troufoto. Langs haar staan 'n lang, aantreklike blonde man in 'n wit snyerspak. Sy vriendelike blou oë en wit tande steek skerp af teen sy bruingebrande vel. Daar is fyn lagplooitjies om sy mond.

Haar lang, donker hare is opgestapel op haar kop, maar hier en daar tuimel lang stringe gekrulde hare af tot op haar skouers. Deur haar kuif kan 'n mens 'n dubbele string pêrels uitmaak wat amper soos 'n band oor haar voorkop sit.Te oordeel aan albei se breë glimlagte was hul troudag vir albei 'n baie gelukkige dag.

Haar oë gaan weer na haar man en skielik kan sy sekere dinge van hom onthou. Sy weet dat hy altyd skoon en na *Tuscany* geruik het. Hy het altyd hulle badwater getap en dan was daar 'n glas wyn vir haar en 'n koue bier vir hom langs die bad neergesit. Hy was altyd die een wat sagte musiek aangesit het die oomblik dat hy sy voete by die huis ingesit het.

Daar is 'n deur aan die een kant van die slaapkamer wat toe is en sy weet dat dit die badkamer is voordat sy die deur oopmaak. Die badkamer is getooi in grys en swart tëels en al die sanitêre toebehore is wit. In die middel van die badkamer is twee borrelbaddens, sy aan sy. In die middel van die baddens is 'n marmerblad waarop 'n ysemmer staan.

Voor die baddens is 'n yslike groot, eenrigting glasskuifdeur wat kan oopskuif as 'n mens dit sou wou doen. Die uitsig oor die landgoed en die heuwels in die verte is asemrowend. Sy onthou nou dat hulle baie tyd hier deurgebring het. Dit was hulle tyd om inligting en die dag se gebeure met mekaar te bespreek.

Daar is nog twee deure wat uit die badkamer uitloop en hulle is gemerk "His" and "Hers". Rhoenay glimlag. Nou weet sy waar die registrasienommers vir hulle motorvoertuie vandaan kom.

Met haar hand op die "His"-deur huiwer sy en besluit nou is nie die regte tyd nie en sy stoot eerder die "Hers"-deur oop. Sy loop haar instapkas binne en voel onmiddellik tuis.

Sy weet waar haar langbroeke, rokke en bloese hang, watter laai haar kouse, broekies en bra's bevat. Sy staan vir 'n ruk om haar en rondkyk en toe loop sy na die een hoek toe en trek die jasse wat daar hang weg en vind waarna sy soek. 'n Groot kluis is heel agter teen die muur vasgebout. Tensy jy weet dis daar, sal jy dit nie sommer vind nie.

Sy weet onmiddellik dat wat ookal in die kluis is, vir haar 'n antwoord sal verskaf op al die onbeantwoorde vrae wat in haar kop rondmaal. Maar waar sou sy die sleutel versteek het? Sy gaan staan weer hande in die sye en bekyk alles in die kas. Sy weet iewers in die kas is die sleutel, maar waar? Ag wel, sy sal dit wel later vind.

Rhoenay gaan lê uitgeput op die bed en dit is nie lank voordat sy haarself in droomland bevind nie.

Hoofstuk Drie

Rhoenay skrik wakker toe die aanhoudende gelui van die deurklokkie tot haar deurdring. Sy spring op, trek haar skoene aan en maak vinnig 'n draai voor die spieël voordat sy met die trappe afdraf na die voordeur toe.

Sy maak die deur oop sonder om eers vas te stel wie dit is. Voor haar staan 'n skraal man met kroeserige blonde hare. Rhoenay sien vraende seegroen oë na haar kyk, 'n wipneus en 'n bokbaardjie wat besig is om plek-plek op sy ken uit te loer. Hy het 'n blou denimbroek en 'n wit hemp aan. 'n Dun rooi das hang skeef om sy nek. Onder sy een arm sien sy 'n papierlêer uitsteek.

Sy een wenkbrou lig tot amper op sy voorkop en met 'n "Jy kyk nie eers wie is by die deur voordat jy dit oopmaak nie," stap hy sommer ongenooid verby haar die voorportaal binne.

Rhoenay herken die stem. Sy het hom net die een dag skrams in die hospitaal gesien en toe het hy sy uniform aangehad. Hy lyk nogal heel anders in sy gewone klere. Die manier waarop hy met haar praat asof sy 'n tienjarige meisietjie is, maak haar sommer dadelik vies.

"Goeiemiddag, en mag ek die voorreg geniet dat my besoeker hom eers aan my bekendstel voordat hy my huis binnestorm?"

"Ekskuus tog, Rhoenay, dit was ongemanierd van my. Ek is kaptein Wouter Wepener, maar aangesien ons twee nog lank gaan saamwerk kan jy my sommer Wouter noem. Ek doen die ondersoek na jou man se dood en nou ook jou saak. Ek is net verstom. Jy is bewus daarvan dat hulle jou probeer doodry het, maar jy maak sommer die deur oop, sonder om te kyk wie daar is. Dit kon mos net sowel een van hulle gewees het! Jy sal baie versigtiger moet wees en jy sal 'n bietjie meer sekuriteitsbewus moet raak. Jou hekke lê ook wawyd oop!" Hy klink sommer omgekrap.

"As jy my nou klaar uitgetrap het, Kaptein, kan ek vir ons gaan tee maak en dan kan jy my vertel waaraan ek jou besoek te danke het?" En met dié woorde draai Rhoenay vies om en stap voor Wouter uit na die kombuis.

Sy trek 'n stoel langs die kombuistafel uit en beduie vir hom om daarop te sit. "Kan ek vir jou tee of koffie aanbied?"

"Koffie sal lekker wees, dankie."

Terwyl Rhoenay die koffie maak, babbel Wouter een strook deur. Hy trek dokumente uit die lêer uit. "Toe hulle jou die hospitaal ingebring het, het jy hierdie dokumente by jou gehad. Dit was versteek onder jou klere. Dit was waarskynlik die dokumente waarna hulle kom soek het. Ek weet jy kan nie op die oomblik enigsins iets onthou nie, maar ek gaan dit hier by jou los. Ek sal bly wees as jy hierna kan kyk wanneer jy tyd het. Miskien word jy iets hieruit wys."

Hy neem 'n sluk van sy koffie en vervolg, "Jy het so drie weke gelede jou en Rocco se prokureursvennoot,

Jan Badenhorst, gebel en vir 'n sekere boks met lêers van een van Rocco se vorige kliënte gevra.

"Toe jy die boks gaan haal het, het jy glo aan die vennoot genoem dat sekere mense wat Rocco vertrou het hom in die rug gesteek het, en dat jy boonop bedrog ontdek het. Daar was glo e-posse op Rocco se rekenaar wat die bedrog ontbloot het. Jy wou glo sekere dokumente hê om dit te bevestig. Hierdie dokumente kom uit die dieselfde boks uit. Dié kliënt van Rocco is 'n baie invloedryke sakeman met die naam van Abdul Sulliman." Die naam klink vir Rhoenay bekend, maar sy kan nie onthou waarom nie.

"Ek het uitgevind dat Sulliman 'n ongure vent is met baie skakels na die misdaadwêreld. Sy naam word gekoppel aan prostitusie, dwelmhandel, moord, diamantdiefstal ... om maar net 'n paar te noem."

Nog 'n sluk koffie. "Wat vir my verder baie vreemd was, is dat ek net na jou ongeluk hier na die landgoed se sekuriteitskameras kom kyk het om te probeer vasstel wat die registrasienommer was van die swart Mercedes Benz wat jou probeer doodry het en wat meneer De Ridder aan my beskryf het, maar die voertuig het nie deur die voorhekke van die landgoed gekom óf gegaan het nie. Dit beteken net één ding en dit is dat die persoon of persone in dieselfde landgoed as jy woon.

"My gevoel is dat die voertuig iewers op hierdie landgoed in 'n motorhuis versteek word. My gevoel word ook versterk deur die feit dat jou selfoon gebruik is twee dae nadat jy in die hospitaal opgeneem is. Die naaste toring waarheen ons die sein kon volg was die toring net hier agter jou huis op die heuwel. Dit beteken die persoon wat by jou huis ingebreek het en op soek was na iets, het jou selfoon saamgeneem vir redes waarvoor ek nie nou 'n antwoord het nie. Miskien wou hulle kyk na jou foonrekord, wie jy gebel het en wanneer. Of dalk wou hulle probeer uitvind of jy jou bevindinge met iemand anders gedeel het. Nou weet jy hoekom ek so te kere gegaan het oor jou sekuriteit!"

Met die aanhoor van dié woorde word Rhoenay sommer doodsbleek. "Wat is ek veronderstel om te doen om veilig te wees, behalwe om eers te kyk wie by die deur is voordat ek dit oopmaak, Wouter?"

"Rhoenay, jy kan dit seker nie onthou nie, maar jy het 'n lisensie vir 'n .38-rewolwer wat in jou naam geregistreer is. Iewers in die huis sal jy dit vind, miskien iewers in 'n kluis. Ek het ook al klaar by jou ouers uitgevind dat jy 'n uitstekende skut is. Ek stel voor dat jy die rewolwer soek en hom altyd byderhand hou. Miskien sal dit help as jy dalk net na die skietbaan toe gaan en 'n paar rondtes met die wapen afvuur, net om weer gewoond te raak aan die ding. Jy beter ook seker maak dat jy genoeg ammunisie het. 'n Skietding is niks werd sonder koeëls nie."

Wouter wag om te sien of die woorde indruk maak en vervolg dan, "Verder het ek 'n vier-en-twintig uur wag gereël wat jou straat hier voor die huis patrolleer. Hy is in direkte radioverbinding met my. Sy opdrag is om enige verdagte voertuie en persone wat naby jou huis rondhang aan my te rapporteer. Ek het ook met die landgoedkantoor gereël dat ek te alle tye 'n afstandbeheer vir die hoofhek sal hê sodat ek nie hoef te sukkel om by jou uit te kom as jy my dringend nodig sou hê nie."

Steeds bietjie bleek, antwoord Rhoenay, "Wel, ek gaan definitief jou raad volg en sal dadelik na my rewolwer gaan soek."

"Jou huis het 'n alarmstelsel wat gekoppel is aan die landgoed s'n. Hulle skakel jou onmiddellik as jou alarm geaktiveer word. Ek stel voor dat jy die alarmstelsel gereeld gebruik. Dan verstaan ek ook dat jou huis geoutomatiseerd is, wat beteken dat ek vanaf 'n selfoon kan inskakel. Ek kan dan alles sien wat in jou huis aangaan in die vertrekke waar daar kameras geïnstalleer is. Maar toemaar, ons gaan vir eers nie jou privaatheid skend nie. Wanneer dit later nodig word en jy gee toestemming daartoe, sal ons dit moet doen.

"Verder wil ek ook vra dat jy asseblief na hierdie dokumente kyk wanneer jy 'n tydjie het. Miskien prikkel dit jou geheue. Hoe vinniger jy my kan vertel waarom jy hierdie dokumente versteek het en hoe die legkaart inmekaar pas, hoe vinniger kan ons die skurk toesluit wat jou probeer doodry het."

"Wouter, ek kan maar net my bes probeer, dis al."

"Dis al wat ek van jou verwag, behalwe dat jy jouself ook goed sal oppas. Baie dankie, die koffie was heerlik. Ek beter nou gaan; daar is baie werk wat op my wag."

Rhoenay stap saam met Wouter na die voordeur. Nadat hulle gegroet het, wag sy totdat sy motorvoertuig deur haar hek is en dan druk sy die knoppie op die kontrolebeheer langs die voordeur sodat die hek geluidloos toeskuif. Sy sluit die voordeur agter haar en stap dan terug na die kombuis waar sy die dokumente optel wat Wouter op die tafel gelos het.

Die eerste dokument is 'n volmag wat gegee is aan Jakobus Petrus van Tonder om namens die prokureursfirma Badenhorst & Rheeder, erf 2392 Bryanston, Johannesburg, oor te dra aan Abdul Ibrahim Sulliman vir die bedrag van tweemiljoen rand.

Die tweede dokument is 'n eiendomsbewys wat bewys dat erf 2392 Bryanston vanaf die Republiek van Suid-Afrika oorgedra is aan Adbul Ibrahim Sulliman. Die bedrag wat betaal is, is tweemiljoen rand en die grootte van die erf is 25 hektaar.

Rhoenay se oë gaan weer terug na Van Tonder se naam en vir een of ander rede laat dit haar nekhare rys. Volgens sy identiteitsnommer is hy sewe-en-twintig jaar oud. Klaarblyklik werk hy – of het hy – by Rocco en haar se eertydse prokureursfirma gewerk. Rhoenay kan nie onthou dat sy ooit so 'n persoon ontmoet het voordat sy bedank het nie. Sy neem haarself voor om uit te vind wie dit is.

Die derde dokument is 'n volmag wat gegee is aan Sipho Kervin Mbere om namens Lucas Malopo, die besturende direkteur van die Johannesburgse Eiendomsgroep Edms Beperk, grond wat aan die Staat behoort aan suksesvolle aansoekers te kan verkoop.

Die inligting maak nie vir haar sin nie, maar om een of ander rede weet sy dat erf 2392 gesteel is. Wie dit gesteel het en hoe hulle dit reggekry het, weet sy nie. Sy sal wel later agter die kap van die byl kom.

Sy besluit om deur die res van die huis te loop en neem die dokumente saam. Die grondverdieping bestaan verder uit 'n gastekamer met *en suite*-badkamer, die eetkamer waar hulle vroeër geëet het, 'n groot onthaalarea met 'n kroeg in die een hoek, 'n bioskoop met agt sitplekke, 'n waskamer, twee gastebadkamers en dan vind sy boonop nog twee aangrensende studeerkamers wat aanmekaar gekoppel is deur 'n dubbele houtdeur. Elkeen van die studeerkamers het 'n glasdeur wat na buite loop.

Rhoenay maak die dubbele deur tussen die studeerkamers oop en gaan neem dan plaas op 'n leerstoel vanwaar sy altwee vertrekke kan sien. Die groen- en wynrooi kleurskema is dieselfde aan albei kante, maar sy kan sien dat die een meer vroulike afwerkings het. Die vroulike kant is dus haar studeerkamer en dié een moes dus Rocco s'n gewees het. Die foto's op die lessenaars en die sertifikate teen die mure bevestig haar vermoede. Op haar lessenaar is 'n troufoto van hulle en op Rocco s'n 'n gesigfoto van haar. Sy leun terug in die stoel en sluit haar oë.

Haar gedagtes begin dwaal en dan onthou sy sy was in haar studeerkamer. Haar rekenaar was aan en sy was besig om inligting te soek in 'n program genaamd *Windeed*. Sy wou kyk in wie se naam sekere stukke grond geregistreer is.

Langs die rekenaar het dokumente gelê. Sy het glas hoor breek, maar omdat sy alleen woon het dit haar nie gepla nie. Sy het gedink dat die geluid van die bure afkomstig was.

Haar studeerkamerdeur wat na die gang lei, het oopgestaan. Sy het ongesteurd aangegaan met haar werk totdat sy 'n laai hoor toeklap het. Die geluid het van haar kombuis se kant gekom.

Met 'n bonsende hart het sy saggies tot by die deur geloop. Sy het om die deur geloer – in die donker gang af. Iemand was met 'n flitslig in haar kombuis doenig. Daar was nie tyd om enigiets te bedink nie.

Sy het net daar omgedraai, die dokumente gegryp en voor by haar sweetpakbaadjie ingedruk. Daar was nie tyd vir haar om om die lessenaar te beweeg en by haar studeerkamer se glasdeur uit te glip nie, want sy kon al die voetstappe in die gang hoor aankom.

Die naaste deur aan haar was die deur tussen die twee studeerkamers. Sy het saggies Rocco se donker studeerkamer binnegegaan en die deur gesluit. In die donker studeerkamer het sy deur die sleutelgat geloer.

'n Jongerige donker krulkop man met vet wange het om die studeerkamer se deur geloer en toe hy niemand tuis vind nie, het hy die kamer betree. Hy het om die lessenaar gestap en na haar rekenaar gekyk wat nog aan was. Die oomblik toe hy dít wat op die skerm was, klaar gelees het, het sy gesig lelik vertrek.

Hy het haar rekenaar se kabels uitgepluk en die rekenaar toegevou. Hy het ook haar selfoon, wat op die tafel gelê het, opgetel en in sy sak gesteek. Sy rewolwer het hy op die tafel neergesit en toe begin hy tussen al die papiere wat op die lessenaar gelê het, te krap.

Sweet het op sy voorkop gevorm en hy het paniekerig om hom rondgekyk. Hy het op haar stoel gaan sit en toe begin laaie oopruk en papiere die hele vloer rondgestrooi. Nadat hy deur al die laaie is, het hy weer in die studeerkamer begin rondkyk.

Rhoenay se hart het amper gaan staan toe hy direk na die deur waaragter sy geskuil het, gekyk het. Die oomblik toe hy homself uit die stoel lig op pad na die deur toe, het daar weer vinnig lewe in Rhoenay se lam bene gekom.

Sy is soos blits by die glasdeur uit wat sy geluidloos oopgemaak het. Sy kon hoor hoe hy die deur tussen die twee studeerkamers probeer oopmaak, voordat sy weer die glasdeur stilletjies toegemaak het.

Rhoenay staan uit die stoel op en stap weer van die een studeerkamer na die ander. Daar is geen teken van enige rekenaars nie. *So die skurk het homself aan my selfoon en rekenaar gehelp.* Sy wonder wat het van Rocco se rekenaar geword.

Sy besluit om maar na die boonste verdieping te gaan om uit te vind wat sy kan wys word. Behalwe die hoofslaapkamer is daar vier ander slaapkamers in totaal – elk met 'n *en suite*-badkamer.

Een van die kamers is in 'n babakamer verander. Die kamer het 'n kinderbed in die een hoek en voor die venster is 'n drieledige eenheid wat bestaan uit 'n kas, bad en 'n babawerkstasie. Daar is 'n wiegstoel wat oorgetrek is met sagte voerings. Die kamermure en -gordyne is ryklik versier met Disney-karakters.

Rhoenay trek die een laai oop en neem 'n armvol van die kleertjies en druk dit styf teen haar bors vas. Sy sak in die wiegstoel neer en iewers vanuit die kamer styg die reuk van babapoeier in haar neusgate op. Die volgende oomblik skeur rou snikke deur haar lyf. *Hoe lank was ek swanger?* Dit moes 'n redelik lang swangerskap gewees het want te oordeel aan al die seunskleertjies en die kamer se versierings het hulle geweet dat dit 'n seun sou wees.

Nadat sy haar hart 'n goeie halfuur lank uit gehuil het, staan sy op om die kleertjies terug te pak in die laai. Sy dink nie dis 'n goeie idee om op die oomblik die kamer te veel te besoek nie, aangesien dit haar te hartseer maak. Oor die kinderbed hang 'n speelding wat musiek maak. Rhoenay trek die toutjie en met "Baba Black Sheep" in haar ore verlaat sy die babakamer en trek die deur agter haar toe.

Die res van die boonste verdieping bestaan uit 'n gimnasium, klein biblioteek, naaldwerkkamer en 'n klein kombuisie wat net groot genoeg is om koffie in te maak sodat dit onnodig is om na die onderste kombuis toe te gaan.

Uiteindelik besluit Rhoenay om 'n lekker lang bad te gaan neem met 'n glas wyn en daarna sal sy haar aandete gaan voorberei. Terwyl sy teruglê in die bad met sagte musiek in die agtergrond, dink sy aan wat Wouter gesê het omtrent haar rewolwer.

Sy is seker dat sy dit in die kluis in haar kas sal vind. Vir een of ander rede weet sy ook dat die sleutel vir die kluis iewers in haar kas versteek is. Sy sal net mooi moet dink waar.

Nadat sy klaar gebad het, trek sy pienk deurskynende nagklere en bypassende kleur pantoffels aan en dan staan sy weer hande in die sye haar kas en bekyk. Haar oog vang die ry stewels wat op die boonste rak gepak is. Sy neem 'n voetstoel wat eenkant staan en klim daarop.

Die lang wit stewels trek haar aandag en sy haal hulle van die rak af. Sy skud hulle albei en dan hoor sy die geluid waarop sy gehoop het. Onmiddellik nadat sy haar hand in die stewel ingesteek het, kom sy te voorskyn met die kluis se sleutel. 'n Groot glimlag sprei oor haar gesig.

Die oomblik nadat die sleutel in die kluisdeur se slot geknars het, swaai dit oop. Binne vind sy haar rewolwer met ekstra ammunisie, paspoorte en identiteitsdokumente van haar en Rocco, hulle huweliksertifikaat, Krugermunte, 'n sak volg geld van ander lande en 'n rekenaar.

Sy maak die rewolwer se magasyn oop en vind dat die rewolwer ten volle gelaai is. "Slim kind," kan sy nie help om met haarself te praat nie.

Die kluis word weer gesluit en die sleutel op sy geheime plek gebêre. Dan staan sy en rondkyk om 'n plek te vind waar sy haar rewolwer kan versteek. Dit moet 'n plek wees waar sy vinnig by die rewolwer kan uitkom, sonder om eers kluissleutels te vind. In die een hoek is 'n hoop opgestapelde T-hemde. Sy lig die hoop min of meer in die middel op en steek die rewolwer tussenin.

Nou voel sy meer tevrede en met 'n glimlag op haar gesig loop sy na onder om haar kos te gaan voorberei. Sy is halfpad met die trap af toe sy sien dat die kombuislig aan is en dat die een motorhuisdeur vanaf die ingangsportaal oopstaan. Sy kan nie onthou dat sy die lig aangeskakel het nie en sy weet vir seker dat sy die motorhuisdeur toegemaak het. Is dit miskien Siena wat weer ingekom het om te kom kyk of alles nog reg is?

Sy loop vinnig na die kombuis en verdwyn met 'n vaart om die deurkosyn waar sy haarself trompop vasloop teen 'n harde, harige borskas. Rhoenay snak na haar asem en begin ommiddellik met haar vuiste bokshoue op die borskas voor haar plant. Haar hande word stewig vasgegryp. "Rhoenay! Bedaar, Meisiekind!"

Haar bene is so lam van die skok dat sy onmiddellik nadat hy haar naam geuiter is, sommer teen die borskas aanleun. Sy word styf vasgehou en daar word saggies oor haar hare gevryf terwyl hy haar verseker dat alles reg is. Sy het nie 'n idee wie dit is nie, maar is net verlig dat hy nie hier is om haar enigsins kwaad aan te doen nie, anders was haar nek sekerlik reeds omgedraai.

Dan kom sy skielik agter dat sy hier staan, aangeleun teen 'n vreemdeling met net haar deurskynde nagklere aan. Dat sy nou in 'n penarie is, is verseker!

Sal sy omvlieg en haar kamerjas gaan aantrek en terugkom om uit te vind wie in haar huis is of sal sy hom hier en nou invlieg terwyl hy hom moontlik sal vergaap aan alles wat deurskyn?

Terwyl sy nog besluiteloos teen sy bors aanleun praat hy rustig voort asof hierdie 'n alledaagse gebeurtenis is.

"Siena het my nie laat weet dat jy bygekom het en by die huis is nie. Ek sou die interkomstelsel gebruik het as ek geweet het jy is by die huis. Ek wou juis vir Siena gaan roep het om uit te vind waar is jou tas met jou skoon klere sodat ek dit hospitaal toe kon vat. Maar dit was nou 'n blye verrassing om jou by die huis te kry. Hoe voel jy?"

Nou weet Rhoenay presies teen wie se bors sy aanleun. Die penarie waarin sy verkeer maak dat sy haar lelik vir die man vererg.

"Meneer De Ridder, van wanneer af maak jy jouself sommer tuis in ander mense se huise? Wie het jou die reg gegee om sommer in te kom?" Met dié woorde kyk sy op na sy gesig.

Rhoenay sien 'n vinnige flits – iets soos pyn – in sy blou oë flikker, voordat 'n groot glimlag op sy gesig verskyn. Sy tande is besonder wit teen sy songebrande vel. Daar is diep, aantreklike kepe langs sy mond. Dit voel of haar hart 'n slag mis. Magtig, maar die man ís aantreklik! Geen wonder die susters en verpleegsters by die hospitaal het so oor hulle voete geval by die blote aanskoue van die man nie! Haar eie bene voel of dit in jellie wil verander!

"Nou hoekom so ewe formeel, Meisiekind? Jy weet tog my naam is Zander. En ek het myself nie net sommer ingenooi nie. Siena het my geroep om jou elektriese motor vir die motorhuisdeur te kom regmaak. Die motorhuisdeur is nog al die tyd ongesluit en dis nie veilig vir jou nie."

Rhoenay voel hoe 'n blos haar wange bedek. Dit was nou ongeskik van haar en sy voel sommer vies vir haarself.

Sy maak haarself los uit sy omhelsing en met 'n "Ons kan seker nie die hele aand so hier staan nie,

Zander, ek is nou terug," verdwyn sy weer om die hoek en met die trappe op.

Sy trek 'n spanbroek aan met 'n los-hangende bloes. 'n Draai voor die spieël vertel haar dat sy pragtig lyk en ná 'n spuit van haar gunsteling parfuum is sy weer op pad na onder.

Sy vind Zander in die motorhuis waar hy op 'n leer staan en besig is om die deur se motor reg te maak. Dit gee haar 'n vinnige oomblik om hom te bekyk. Hy het lang, leninge bruingebrande bene en sy fris arms bult onder sy kortmouhemp uit. Sy hare is swart en dit maak dat sy blou oë uitsonderlik weens sy blas vel beklemtoon word.

Die oomblik toe hy na haar kyk, begin sy met "Ek's jammer oor netnou, Zander, ek het nie bedoel ....", maar sy word in die rede geval nog voordat haar sin voltooi is.

"Alles reg, Meisiekind. Ek verstaan. Jou dokter het my ingelig dat dit 'n rukkie sal neem voordat jy weer jouself sal wees. Hoe lyk dit met 'n koue bier?"

Die vraag is so onverwags dat sy hom soos 'n skaap aankyk. *Het ek ooit bier in die yskas*, wonder sy, maar haar vraag word deur hom beantwoord.

"Daar is nog van my bier oor wat ek gebring het die laaste keer dat ek hier gekuier het – net voor jou ongeluk. Kyk onder in die yskas."

Met 'n "Ek maak so", draai sy om en loop na die kombuis. Sy kan nie help om te wonder watter soort verhouding hulle twee voor die ongeluk gehad het nie. Hy is heel eie om haar sommer 'Meisiekind' te noem, en hy het hier gekuier en was so tuis in haar plek dat hy sommer sy eie biere na die laaste kuier hier gelos het.

Nadat sy vir hom 'n bier en vir haar 'n glas wyn gekry het, loop sy terug na die motorhuis. Sy plaas sy bier op die werksbank naby hom en dan maak sy haarself tuis met haar wyn op die vierwiel motorfiets vanwaar sy hom kan dophou.

"Wil jy bly vir aandete?" is die beste waarmee sy weer die gesprek kan begin.

"Nee dankie, ek het klaar geëet net voordat ek gekom het. Ou Miemie maak seker dat my maag volgestop word die oomblik dat ek die huis betree!"

Rhoenay ly af van die 'ou Miemie' dat dit sy huishoudster is. 'n Man van sy ouderdom behoort tog seker 'n vrou te hê, maar daar is geen teken van 'n trouring aan sy vingers nie. Sy wonder hoekom hy nie 'n vrou het nie en hoe lank hy al by haar kuier. Dit moet seker al 'n geruime tyd wees, want hy is baie eie met haar.

Dit neem Zander nie lank om die motor weer in werkende toestand te kry nie en onderwyl hulle gesels oor allerdaagse gebeure, toets hy die motorhuisdeur.

Dan kom hy nadergestap met sy bier in die hand. Hy buig sy kop tot naby haar gesig en Rhoenay voel hoe haar hart weer 'n slag mis. Sy kyk in sy deurdringende oë en sy kan nie die verlange in sy oë miskyk nie.

"Daarsy, mevrou Rheeder, jou motorhuisdeur is weer reg en jy kan nou met 'n geruste hart gaan slaap en ek ook." Rhoenay se oë beweeg na sy vol lippe en die kuiltjie in sy ken.

"As jy wil voel hoe hulle soen, moet jy net sê. Jy het belowe om my te laat weet wanneer jy reg is."

'n Blos slaan op haar wange uit. "Weet jy hoe beeldskoon jy is as jy so bloos?" Hy vee met sy een hand oor haar wang. Ek is bly jy is terug by die huis, want ek het jou geweldig gemis, veral op Saterdagaande."

Rhoenay maak haar mond oop om te vra wat gebeur op Saterdae, maar hy spring haar voor.

"Ekskuus, ek het vergeet jy ly aan geheueverlies. Saterdagmiddae so vyfuur se kant bring ek die vleis en jy maak die slaaie. Dan hou ons lekker braaivleis terwyl ons na musiek luister en oor die week se gebeure gesels. En wanneer dit mooi donker en romanties is dan dans ons gewoonlik so bietjie."

Rhoenay voel hoe sy weer bloos en sy vervies haar vir haarself dat sy soos 'n jong bakvissie optree.

"Maar ongelukkig moet ek nou gaan, want ek het 'n groot ingenieursvergadering môre-oggend en ek moet nog gaan voorberei. Ek sou graag langer wou bly, maar Saterdag is darem net om die draai. Ek kan nie wag nie, Meisiekind!"

Rhoenay klim vinnig van die motorfiets af sodat hy nie kan sien hoe sy alweer bloos nie. "Baie dankie! Wat skuld ek jou, Zander?"

"Moenie dat ek jou oor my skoot trek nie, mevrou Rheeder!" En met dié woorde beweeg hy na die deur wat na die ingangsportaal lei.

Rhoenay stap saam tot by die voordeur. Daar draai Zander om, trek haar teen sy bors vas en plant 'n soen op haar voorkop. "Lekker slaap, Liefding," fluister hy.

En met dié laat hy haar gaan en verdwyn deur die deur. Sy staan hom en agterna kyk en sien hoe hy naby die hek omdraai en vir haar wuif.

"Moenie vergeet om die hek toe te maak en die deure te sluit nie!" roep hy en stap oor die straat na sy eie huis toe.

Rhoenay maak die hek toe en draai die sleutel in die voordeur. Sy leun teen die deur aan. Hoe op aarde gaan sy lekker kan slaap met so 'n mansmensbeeld in haar kop? Sy sou nooit kon raai dat 'n mens nog op drie-en-dertig muisneste kan kry nie, maar dit is beslis haar selfdiagnose. Hulle noem dit *verliefsiekte...*

Rhoenay maak haar aandete gereed. Sy eet rustig terwyl sy die nuus kyk. Nadat sy die skottelgoed in die opwasser gepak het, loop sy deur die huis om seker te maak dat al die vensters en deure gesluit is. Sover as wat sy loop sit sy ook die ligte af. Sy is grootgemaak om elektrisiteit te bespaar waar 'n mens kan.

Nadat sy haar tande geborsel het, neem sy haar Bybel wat op haar bedkassie lê en die Bybel val oop by haar boekmerk wat by Psalm 109 is. Sy moet die stuk twee keer oorlees omdat haar gedagtes telkens na Zander dwaal. Nadat sy gebid het, aktiveer sy die alarmstelsel wat reg langs haar bed is en sy doen dit sonder om twee keer te dink oor die kode. Wel, dit is duidelik dat sy sekere dinge kan onthou.

Dit neem haar omtrent 'n halfuur voordat sy uiteindelik aan die slaap raak.

Hoofstuk Vier

Rhoenay skrik wakker uit 'n diep slaap. Iets het haar versteur en wakker gemaak. Sy lê doodstil en luister, maar hoor niks. Saggies lig sy haarself effens op haar een elmboog en kyk na die alarmstelsel se paneel.

Op die paneel se skerm kan sy duidelik sien dat die alarmstelsel nog geaktiveer is. As daar iemand in of om haar huis was, sou die alarm afgegaan het. Dit het duidelik nie gebeur nie, so sy is seker sommer net laf.

Rhoenay kruip weer dieper terug onder die komberse in. Sy was nog nooit 'n bang mens nie, en sy gaan ook nie toelaat dat dié gebeure haar in een verander nie. In die donker lê sy na die plafon en staar en ewe skielik vlieg sy penorent in haar bed.

Rhoenay spring uit die bed uit en sluip op haar tone na die slaapkamerdeur toe. Sy loer om die deur terwyl sy kan voel hoe hard haar hart in haar ore klop.

Sy spits haar ore vir enige geluide maar dit is doodstil in die huis. Wie is in haar huis? Sy het al die ligte afgeskakel maar iemand het die voorportaal se lig weer aangeskakel. As daar iemand in haar huis was, hoekom het die alarm nie afgegaan nie? Blitsvinnig hardloop sy op haar tone na die kas om haar rewolwer te kry.

Voordat sy die kamer verlaat, skakel sy die alarmstelsel af. Met haar rewolwer in die hand sluip sy saggies deur die donker huis, van vertrek tot vertrek maar daar is niemand te sien nie en Rhoenay sien ook niks anders raak wat snaaks is nie. Het sy dalk vergeet om die een lig af te skakel?

Sy loop vinnig terug na die verligte voorportaal en terwyl sy nog besluiteloos staan en rondkyk, gaan die lig af. Rhoenay se hart gaan amper staan. Haar oë raak vinnig aan die donker gewoond, maar daar is niemand behalwe sy in die voorportaal nie.

Nou wat op aarde? Is hier spoke in die huis of is daar iets verkeerd met die elektrisiteit? Rhoenay begin lag. Dis nooit anders nie. Sy sal môre iemand kry om te kom kyk wat aangaan met die kragtoevoer.

Sy skakel die voorportaal se lig aan en dan gaan sy weer op met die trappe en terug na haar slaapkamer. Sy skakel die slaapkamersuite se voorportaallig af voordat sy haar kamer binnegaan en besluit om haar rewolwer eerder onder die kussing langs haar te bêre aangesien sy tog in 'n mate bietjie onrustig voel.

Voordat sy terugklim in die bed maak sy eers weer seker dat die alarmstelsel geaktiveer is. Sy neem haarself voor om môre-oggend vroeg iemand te kry om na die elektrisiteit te kom kyk sodat haar senuwees kan bedaar.

Maandagoggend is Rhoenay ligdag al op. Nadat sy vir haar 'n lekker koppie koffie gemaak het, gaan sit sy in die voorhuis vanwaar sy 'n asemrowende uitsig oor die landgoed en dorp het. So sit sy in stilte haar koffie en drink.

Ewe skielik en sonder waarskuwing skakel die televisie aan. Rhoenay skrik so groot dat sy warm koffie oor haarself stort. *Is die televisie geprogammeer om op sekere tye aan te gaan?*

Vir 'n paar minute sit sy doodstil die televisie en bekyk. *Wat gaan aan in hierdie huis?* Haar brein is al die tyd in 'n versnelrat en dan begin haar oë stadig in die vertrek ronddwaal.

Haar oë kom tot stilstand in die een hoek waar sy 'n sekuriteitskamera en 'n bewegingsensor gewaar. Die sensor se oog flikker rooi, kompleet asof dit vir haar knipoog.

Rhoenay onthou skielik dat kaptein Wepener vir haar gesê het haar huis is geoutomatiseerd en dat wanneer dit nodig blyk te wees, hy sal inskakel by haar huis. 'n Mens skakel mos in met 'n selfoon.

Haar selfoon moes geprogrammeer gewees het om te kon inskakel. Maar haar selfoon is deur die skurk afgevat en dit beteken dat hy kan inskakel en alles sien wat sy doen. Dis dan hý wat haar ligte aan- en af- en haar televisie aanskakel wanneer hy lus voel om haar te ontsenu. Hy kan alles sien wat in haar huis aangaan!.

Niemand het seker daaraan gedink om haar selfoonsein se blokkeer toe sy in die hospitaal beland het nie. En dis nog te vroeg vir haar om te bel en dit te doen. Sy sal dit moet doen net sodra die selfoonmaatskappye oopmaak vir besigheid.

Maar tot dan sit sy weerloos hier en natuurlik verlustig die kitaarnek homself aan haar – hier waar sy in haar slaapklere sit. Sy loop vinnig na die kombuis en gryp 'n vadoek en 'n klein trapleertjie wat sy in die een kas gesien het.

Met dié keer sy terug na die sitkamer waar sy die vadoek oor die sekuriteitskamera gooi. Binne 'n paar sekondes word die televisie afgeskakel. "So ja, jou gemors! Nou weet jy ek het jou uitgevang en jou speletjie is daarmee heen!" kan sy nie verhelp om hardop met haarself te praat nie.

Maar in stede van gerus voel, krap dit aan haar dat sy hulle nou gewys het dat sy nie so dom is nie. Plaas dat sy net vir eers dom gespeel het en maar net die selfoon blokkeer het. Dit gaan hulle nou éérs gevaarlik maak.

Nadat sy die selfoonmaatskappy gebel het om haar selfoon te blokkeer, eet sy 'n heerlike ligte ontbyt wat Siena vir haar voorberei het. Sy voel verlig dat die skurk nie meer sal kan inskakel op haar huis se sekuriteitskameras nie. Hy sal haar nou nie meer kan dophou nie.

Sy kan nie besluit of sy eers Rocco se rekenaar uit die kluis moet kry om te kyk wat sy daaruit kan wys word en of sy na die selfoontoring, hier agter die bult naby haar huis, moet ry nie. Vir een of ander rede pla die toring haar vandat kaptein Wepenaar dit genoem het en sy kan nie verstaan waarom nie.

Dis 'n heerlike sonskyndag en sy besluit om met die vierwielmotorfiets te gaan rondry om te probeer vasstel waarom die toring haar pla.

Rhoenay trek 'n khaki-kortbroek en T-hemp aan. Tekkies en 'n khakihoed op haar kop rond die prentjie perfek af. Sy pak 'n rugsak met 'n kamera, verkyker en 'n bottel water en dan is sy reg om die pad te vat.

Die handskrif teen die spieël

Die sleutel vir die vierwiel kry sy in die kombuis en dit neem haar nie lank voordat sy met die straat afbeweeg in die rigting van die toring nie. Sy verlaat die pad waar die rye huise ophou en dan bevind sy haarself in 'n veld met lang, wuiwende gras.

Die vierwiel volg die paadjie wat alreeds in die veld gemaak is en dan begin dit die opdraende uitklim na waar die toring uitsteek. Langs die pad ry sy by sebras, kameelperde en 'n paar springbokke verby. Hulle staar haar almal net aan asof sy iets vanaf 'n ander planeet is. Rhoenay geniet die reuk van die veld wat in haar neusgate opstoot.

Naby die toring bring sy die vierwiel tot stilstand. Hier waar sy op die hoë koppie staan het sy 'n wonderlike en onversteurde uitsig oor die landgoed en die plaas reg langs die landgoed.

Op die plaas is daar 'n groot ou plaashuis met 'n massiewe skuur nie te ver van die plaashuis af nie. Om een of ander rede weet Rhoenay dat die plaashuis iets te doen het met wat met haar gebeur het en dit is ook hoekom die toring haar pla. Maar sy kan nog nie die kloutjie by die oor bring nie.

Rhoenay gaan sit plat op haar sitvlak regs van die toring. Dan haal sy haar verkyker uit en met haar elmboë gestut op haar knieë bring sy die verkyker na haar oë.

Daar is 'n paadjie wat vanaf die landgoed deur die veld na die plaashuis toe loop. Vanwaar sy sit lyk dit of die paadjie groot genoeg is vir motorvoertuie om oor te beweeg. Tussen die landgoed en die plaashuis kan sy duidelik 'n groot hek sien.

Haar oë beweeg na die skuur en die plaashuis. Dit lyk bedrywig by die skuur en sy kan duidelik 'n gekamoefleerde sekuriteitswag uitmaak met 'n geweer wat skeef oor sy een skouer hang.

Op die stoep van die plaashuis kan sy ook 'n man van Indiese afkoms uitmaak. Hy sit in 'n groot gemakstoel die plaaswerf en bekyk. Deur die verkyker kan Rhoenay die wreedheid op sy gesig sien en dit stuur koue rillings teen haar ruggraat af. En sonder om eers te dink weet sy dat hy Abdul Ibrahim Sulliman is.

Sy sien ook dat daar geen ander aktiwiteite aangaan wat 'n mens normaalweg op 'n plaas aantref nie. Terwyl sy nog die plaaswerf bespied kom daar 'n lang, slap, swart motorvoertuig ingery.

Die bestuurder hou voor die plaashuis stil en maak dan die agterdeur oop vir iemand om uit te klim. Die persoon is algeheel in swart geklee en 'n swart *cowboy*hoed op die kop rond die prentjie af. Hy stap na waar Sulliman nou opgestaan het. Die twee omhels mekaar en na 'n soen op elke wang, neem albei plaas. Hulle word met tee of iets deur 'n bediende bedien.

Die posisie waarin Rhoenay sit maak dat haar arms begin lam raak, maar sy is te bang dat sy iets sal mis as sy 'n blaaskans neem. Deur die verkyker sien sy dat die besoeker vir Sulliman 'n groot, vet, bruin koevert gee voordat hulle weer deur dieselfde groetprosedure gaan.

Die besoeker klim weer terug in sy motorvoertuig, maar in stede daarvan om om te draai en op dieselfde pad wat hulle ingekom het terug te ry, ry hulle nou na die skuur toe.

Die skuurdeur word onmiddellik oopgemaak en die swart voertuig verdwyn na binne. Die deur word dadelik weer toegemaak.

"Hmmm... sal daarvan hou om te weet wat julle daar doen," mompel Rhoenay. Na omtrent 'n halfuur word die skuurdeur oopgemaak en die swart voertuig kom te voorskyn en ry padlangs verby die plaashuis met die pad af na die groot hek.

Sulliman het intussen in die huis verdwyn en die plaaswerf en die skuur is nou doodstil. Rhoenay besluit om met haar vierwiel te ry na waar die hek tussen die landgoed en die plaashuis is. Sy wil kyk of dit gesluit is of nie.

Sy bespied eers die hele gebied om doodseker te maak dat daar niemand in die veld is wat haar sal opmerk nie. Dan klim sy op haar vierwiel en ry na die hek. Die hek is gesluit met 'n slot wat 'n mens nie maklik sal kan oopmaak nie.

Rhoenay kyk na die draad en besluit dat dit baie makliker sal wees om die draad met 'n draadknipper te knip. Sy weet daar is een in een van haar motorhuise, want sy het dit gesien die aand toe Zander in die motorhuis gewerk het.

Rhoenay wéét dat niks in haar pad gaan staan om uit te vind wat presies in daardie skuur en plaashuis aan die gang is nie.

Terwyl Rhoenay wag dat Sienna haar middagete opskep, loop sy na haar studeerkamer. Agter die lessenaar hang rye sertifikate. Een van die sertifikate is 'n LLM-graad in kriminologie wat sy behaal het aan die Universiteit van die Witwatersrand.

Sienna kom roep haar en terwyl sy agter haar aanstap na die kombuis peper Rhoenay haar met vrae.

"Sienna, sê vir my, wanneer laas het ek gaan werk en hoekom werk ek nie nou nie?"

"Mevrou Neitjie, jy het ophou werk nadat jy verwagtend geraak het met die ou kleintjie. En, ai foeitog, na meneer Rocco geskiet is en jy die baba verloor het, het jy ook besluit om nie dadelik terug te gaan werk toe nie."

"Maar Sienna, ek sal dadelik my werk moet gaan hervat, want hoe anders gaan ons vir als betaal?"

"Mevrou Neitjie, ek glo nie dit was voorheen 'n probleem nie. Ek was by toe ou meneer Duvenhage vir jou gesê het dat meneer Rocco se lewenspolis die huis klaar betaal het en dat 'n groot som geld vir jou in 'n bankrekening inbetaal is. Hy was ook die een wat vir jou gesê het dat jy ten minste 'n jaar moet afvat om by die huis te bly, gesond te word en te herstel na die groot skok. Hoekom bel jy hom nie? Hy sal vir jou meer inligting kan gee."

"Ek dink ek moet so maak, Sienna, maar laat ek eers my tande in jou lekker kos inslaan!"

"Ja, mevrou Neitjie, jy het vetjies nodig want jy lyk amper of jy kompetisie hou met my besemstok!"

Nadat Rhoenay klaar geëet het, gaan sy terug studeerkamer toe. In een van die laaie vind sy 'n telefoonboekie. Sy kry Duvenhage se van en telefoonnommer en sien dat sy eerste naam *Piet* is.

Nadat sy die telefoon nader gehark het, skakel sy die nommer. Die foon word amper dadelik deur 'n diep mansstem beantwoord. Rhoenay stel haarself voor, maar voordat sy vir meneer Duvenhage enigsins iets kan vra word sy in die rede geval met 'n: "Jinne, my kind, maar jy het ons groot laat skrik toe ons hoor wat jou oorgekom het. Ná wat met Rocco gebeur het, sal jy uiters versigtig moet wees. Hoe voel jy nou en hoe kan ek help, my kind?"

"Ek voel baie goed dankie, meneer Duvenhage, maar ek .....", is al wat sy uitkry voordat sy weer in die rede geval word.

"Wat se ge-meneer is dit nou met jou, Kind? Oom Piet was nog al die jare goed genoeg – sedert jy in die doeke was!"

Rhoenay kan nie help om te lag nie. "Goed dan, oom Piet, ek wil net weet wat met my geldsake aan die gang is. Ek ly op die oomblik bietjie aan geheueverlies en Siena vertel my dat oom Piet sal weet wat aangaan."

"Ja, my kind. Oom Piet weet, want oom Piet was nog al die jare Rocco se finansiële raadgewer en ek was ook die eksekuteur van sy boedel. Jou huis is ten volle betaal en Rocco het 'n lewenspolis van R10 miljoen gehad wat tans in 'n trust vir jou gehou word. Daar word maandeliks vanaf die trust 'n bedrag in jou tjekrekening inbetaal wat al jou aftrekorders dek, asook ekstra geld vir jou om na jou goeddunke te gebruik. Jy wou dit so gehad het."

"Baie dankie, oom Piet. Ek wou net seker maak wat my finansiële posisie tans is. Die geheueverlies laat my partymaal in die steek." Sy hoor hoe hy saggies lag.

"My kind, jy net niks om oor bekommerd te wees nie. Jy sal nooit al die geld wat vir jou nagelaat is kan uitgee nie. Ek het jou gesien grootword en jou ouers het jou die waarde van geld geleer."

"Dit is 'n groot troos, oom Piet, en baie dankie vir alles wat jy sover vir my gedoen het."

"Dit was en is nog steeds 'n plesier, Rhoenay. Jy is so 'n pragtige kind. Ek en tannie Emsie sal bietjie 'n draai by jou kom maak sodat ons met ons eie oë kan sien of dit goed gaan met jou."

"Dit sal lekker wees, Oom, en ek sien uit na 'n kuiertjie saam julle."

"Nou maar totsiens, Rhoenay, tot later."

"Totsiens, oom Piet en stuur groete vir tant Emsie."

Rhoenay leun terug in haar stoel. Sjoe, dis darem een bekommernis van haar skouers af.

Môre-oggend sal sy vir haar 'n nuwe selfoon en rekenaar gaan koop. As daar belangrike inligting op Rocco se rekenaar is, is dit beter dat dit eerder veilig gebêre bly.

Rhoenay bring die res van die middag in haar tuin deur. Sipho, die tuinwerker, het haar kom roep. Hy wou weet waar en hoe hy die rose moet plant wat meneer Zander vir haar gekoop het.

Dit neem Rhoenay nie lank om 'n plekkie in die tuin te kry vir al agt die roosbome nie. Zander moes seker geweet het dat rose een van haar gunstelingblomme is. Sy beter onthou om vir hom baie dankie te sê...

Terwyl haar badwater intap, neem Rhoenay plaas op die westelike stoep. Dis heerlik om te voel hoe die laaste sonstrale oor haar arms streel. Sy het 'n glas yskoue wyn in die hand en vanwaar sy op die stoep sit, tussen al die plante, het sy 'n ongehinderde uitsig op Zander se huis.

Skaars twee minute later sien sy hoe 'n wit Audi R8 die inrit opry na sy motorhuis. Die motorhuisdeure gaan outomaties oop en die motorvoertuig ry in. Dan sien sy die motordeur oopgaan en Zander wat uitklim.

Hy is geklee in 'n donkergrys pak en 'n ligblou hemp. Zander loer oor sy sonbril in die rigting van haar huis. Sy sien hoe hy die kattebak oopmaak en sy aktetas uithaal voordat hy dieper die motorhuis ingaan en die deure weer outomaties agter hom toegaan.

Hy het haar definitief nie daar op die stoep gesien sit nie, want die plante vorm 'n soort van 'n skuiling. Magtig, maar die man is darem 'n beeld van 'n mens! Sy neem weer 'n sluk wyn om haar hart tot bedaring te bring.

Omtrent so halfsewe die aand, en nadat Rhoenay 'n lekker lang bad geneem het, gaan sy sit weer op die stoep vanwaar sy Zander se huis kan sien. Sy wil net bietjie afkoel na die warm bad. Die son se strale is al amper in hul graf en die skemer begin nou vinnig toesak.

Vanwaar sy sit kan sy sien hoe hy deur sy huis beweeg met ligte wat aan en af geskakel word. Een van die vensters aan die voorkant van sy huis word oopgemaak en deur die verligte venster kan sy sien hoe Zander om 'n gedekte tafel rondbeweeg. Dan hoor sy sagte musiek en sy herken 'Lady in Red' wat deur die skemer na haar toe aangesweef kom. Hmmm... dit lyk of hy gereed maak vir kuiergaste.

Kwart voor sewe sien Rhoenay hoe 'n geel sportmodel Volkswagen kewer Zander se oprit binnery. Die motorvoertuig het nog skaars tot stilstand gekom toe die voordeur oopgaan en Zander, nou geklee in gemaklike klere, by die deur uitstap.

'n Lang, skraal, blonde vrou met hare wat tot ver onder haar skouers hang, klim uit. Die oomblik toe sy Zander gewaar laat val sy haar handsak op die motor se enjinkap en hardloop met uitgestrekte arms binne-in Zander se oop arms in.

Hy tel haar van die grond af op en swaai haar in die rondte voordat hy haar weer neersit. 'n Klapsoen word op haar pienk lippe geplant en dan tel hy haar handsak op en hulle loop – met sy arm om haar middel – die huis weer binne.

Rhoenay voel skielik siek. Hoe kan hy by haar aanlê en dan met 'n ander vrou flankeer? *Ek gaan nie toelaat dat hy woer-woer met my hart speel nie. Blondie kan hom maar op 'n skinkbord kry!*

Terwyl Rhoenay besig is om haar aandete te eet wat Siena vir haar voorberei het, dink sy oor hoe moeilik dit gaan wees om Zander op 'n afstand te hou. Die mansmens maak doodeenvoudig haar knieë lam!

Dinsdagoggend, nadat Rhoenay van die dorp af gekom het met 'n nuwe rekenaar en 'n selfoon onder die arm, besluit sy dat dit nou tyd is om Rocco se rekenaar aan te skakel om te kyk wat sy kan wys word.

Sy maak haarself tuis in die studeerkamer met 'n koppie koffie. Op die rekenaar ontdek sy foto's van haar en Rocco waar hulle op verskeie plekke deur die jare vakansie gehou het. Daar is ook verskeie foto's van familie en vriende.

Van die foto's trek spesifiek haar aandag, want sy sien Zander saam met 'n baie aantreklike brunette. Hulle albei het trouringe aan. Is hy dan geskei, of wat? Rhoenay kan sien dat van die foto's in hulle kroeg afgeneem is. Hulle was dus huisvriende voordat Rocco geskiet is. Wat het van mevrou De Ridder geword? Die vraag sal wel later beantwoord word.

Rhoenay sien 'n lêer gemerk 'Klein Rocco' en sy snak na haar asem die oomblik toe sy die lêer oopmaak. Daar voor haar is al die sonarfoto's wat van hulle baba geneem is terwyl sy swanger was. Daar is elke maand foto's geneem, maar die foto van die sesde maand was die laaste. Sy was dus ses maande swanger toe Rocco geskiet is en sy die baba verloor het.

Op sommige van die 3D-foto's kan jy die gesiggie al duidelik sien. Rhoenay trek met haar vinger oor die baba se profiel en sy moet hard sluk om die trane te keer. Sy besluit dat dit beter vir haar gemoedstoestand is om die lêer toe te maak en eerder aan te gaan met haar soektog deur al die ander inligting op die rekenaar.

Teen middagete se kant het Rhoenay al deur alles gegaan behalwe Rocco se e-posse, maar sy kon niks vind wat snaaks of verdag is nie. Sy besluit om eers iets te eet en dan sal sy deur die e-posse gaan.

Dit neem Rhoenay nie lank na middagete om die eerste verdagte e-pos te vind nie. Die e-pos is gestuur vanaf Lucas Malopo, die besturende direkteur van die Johannesburgse Eiendomsgroep (Edms) Beperk.

Die e-pos lui as volg: *Geagte meneer Rheeder, dit het onder my aandag gekom dat u prokureursfirma sekere titelaktes geregistreer het by die registrateur van aktes in Johannesburg. Dit was vir grond wat aan die Republiek van Suid Afrika behoort het en dit was gedoen deur middel van 'n volmag wat gegee was aan Sipho Kervin Mbere namens myself.*

Graag wil ek u meedeel dat die volmag vals en onwettiglik gedoen was sonder my medewete. Die grond wat alreeds geregistreer is in derde partye se name met die vals volmag, sal onmiddellik teruggedra word aan die regmatige eienaar, die Staat. Verder wil ek u 'n vriendelike waarskuwing gee om geen verdere registrasies te registreer sonder om seker te maak dat die volmag wel gemagtig is deur myself nie. Hoop u vind dit alles in orde. Die uwe, Lucas Malopo.

Rhoenay herken die name as die name wat op die dokumente was wat kaptein Wepener vir haar gegee het en wat sy onder haar klere versteek het. Die volgende e-pos wat sy oopmaak is vanaf Rocco aan Jaco en dit is gedoen onmiddellik nadat Rocco die e-pos van Lucas Malopo ontvang het.

Hierin waarsku en dra Rocco die boodskap duidelik aan Jaco oor om geen verdere grond te registreer wat aan die staat behoort sonder sy, Rocco, se skriftelike toestemming nie.

Die laaste e-pos wat Rhoenay oopmaak vanaf Rocco aan Jaco, veroorsaak dat haar mond oopval. Sy lees die e-pos 'n paar keer voordat sy registreer wat sy nou eintlik lees.

In die e-pos beskuldig Rocco vir Jaco dat hy 'n vals volmag aan homself gegee het namens die firma Badenhorst & Rheeder. Dit was om namens die firma grond, wat aan die Staat behoort het, in die naam van Abdul Ibrahim Sulliman te geregistreer.

Rocco gaan verder voort om te eis dat Jaco hom die volgende môre sewe-uur in sy kantoor moet kom sien en dat hy daarna sal besluit wat oor die aangeleentheid gedoen moet word.

Dit was die laaste e-pos wat vanaf Rocco se rekenaar uitgestuur is. Dit was Vrydag, 13 July 2012. Hemel, maar hierdie e-pos stuur rillings teen haar ruggraat af! *Op watter dag is Rocco geskiet?* Rhoenay besluit om vir Siena te vra.

Is hierdie Jaco dus die Jacobus Petrus van Tonder wie se volmag sy tussen die dokumente gesien het wat kaptein Wepener vir haar teruggegee het?

Wie is dié Jaco? Het hy of werk hy dalk nog steeds vir Badenhorst & Rheeder? Rhoenay weet vir seker dat díe Jaco weet wie vir Rocco vermoor het.

Sy kan nie onthou wie die vennoot Badenhorst is nie. *Kan ek hom in my vertroue neem of nie? Ek moes seker want ek het hom gaan vra vir die boks met Sulliman se lêers in.*

Rhoenay besluit om na haar ma te ry vir 'n vinnige koppie tee en dan sal sy sommer uitvind oor die Badenhorst-vennoot. Sy wil nie oor die telefoonlyn praat nie. Netnou luister hulle dalk in.

Oor 'n koppie tee verneem Rhoenay van haar moeder dat Jan Badenhorst 'n jarelange huisvriend van hulle familie is. Toe Rhoenay as leerling-prokureur moes gaan werk, het hy haar onder sy vlerk geneem.

Jan Badenhorst het eendag vir Rocco in die hof in aksie gesien en hy was so beïndruk dat hy vir Rocco 'n vennootskap in sy praktyk aangebied het. Dit is waar Rocco en Rhoenay mekaar vir die eerste keer ontmoet het en waar die liefdesgogga gebyt het.

Op Rhoenay se vraag of hy dus te vertroue is, is haar moeder se antwoord: "Hy sal nie dat 'n haar op jou kop geskaad word nie, my kind. Gaan kuier gerus vir hom."

Terug by die huis soek Rhoenay deur die inhoud van Rocco se rekenaar vir 'n dokument wat sy handtekening bevat. Sy vind 'n afskrif van hulle huweliksertifikaat waarop sy handtekening is.

Sy krap tussen haar eie dokumente totdat sy die volmag kry wat aan Jacobus Petrus van Tonder gegee is. Sy het voorheen gesien dat Rocco dit namens die firma geteken het. Met die huweliksertifikaat in haar hand vergelyk sy nou Rocco se handtekening met dié op die volmag.

'n Kind sal kan sien dat Rocco die dokument nie geteken het nie. Rocco het dus vir Jaco uitgevang dat hy bedrog gepleeg het. Het hý vir Rocco doodgeskiet?

Rhoenay loop na waar Siena besig is om in die kombuis beskuit te bak. Sy gaan sit op die een hoek van die tafel. Terwyl sy aan 'n beskuit knibbel vra sy die vraag wat haar die meeste pla: "Siena, sê bietjie vir my, op watter dag is meneer Rocco geskiet?"

"Mevrou Neitjie, ek sal daardie dag nooit as te nimmers ooit vergeet nie. Dit was Vrydag die 13de July laas jaar. Ek het nog nooit van Vrydae gehou wat op die 13de val nie."

"Oee... julle mense met julle bygelowe!"

"Dit is waar, mevrou Neitjie, want jy het ook die baba verloor net voor middernag op dieselfde dag."

Rhoenay verstik amper aan die beskuit wat sy besig is om te eet. "Sowaar Siena? Nou vertel jy my iets wat ek nie geweet het nie!"

Rhoenay besluit om liewer van die onderwerp weg te beweeg en sy vra die volgende vraag wat haar heelwat pla. "Siena, ek sien dat meneer Zander getroud was. Wat het van sy vrou geword?"

"Mevrou Neitjie, die arme mevrou Chantel het pankreaskanker gehad en sy is oorlede twee weke voordat meneer Rocco geskiet is. Hulle twee was nie lank getroud nie en sy was so 'n mooi mensie. Ek kan nou nog partykeer die hartseer in meneer Zander se oë sien."

"Ag nee Siena, dis vreeslik!"

"Ja, mevrou Neitjie, die lewe werk partykeer nie mooi met mens nie. Kyk nou vir jou en meneer Zander. Nog so jonk en julle altwee is sonder julle lewensmaats." Siena lyk sommer asof sy wil huil.

"Siena, ek kan nie nou namens meneer Zander praat nie, maar ek is seker ek en meneer Rocco het die beste gemaak van die bietjie tyd wat ons saam gegun is."

"Mevrou, Neitjie, enige een wat julle geken het, sal met jou saamstem. Julle twee was onafskeidbaar. Maar ek dink dit is nou tyd dat jy weer iemand vind."

"Ja, ja, Siena, die regte man sal wel eendag kom, maar dis nog bietjie gou. Hou maar solank al jou duime en tone styf vas." En met dié woorde steel Rhoenay nog 'n beskuit voordat sy al kouende die gang afloop na haar studeerkamer.

Sy besluit om alles op te pak want sy het genoeg gehad vir een dag. Voordat sy die studeerkamer verlaat, kyk sy op die kalender. Hmm.... eerskomende Donderdag is volmaan.

Terwyl sy in die bad lê, besluit sy dat sy Donderdagaand 'n draai op die naburige plaas sal gaan maak. Sy beter môre al haar goed regkry.

Daar is baie om te doen. Sy sal moet seker maak dat die flitslig werk, die draadknipper moet gesoek word en haar kamoefleerdrag en -skoene moet gevind word. Iewers het sy 'n nagverkyker gesien. Dit was seker Rocco s'n.

Sy besluit om vroeg te eet en teen nege-uur die aand is sy reeds in haar bed en gereed vir 'n goeie nagrus.

Hoofstuk Vyf

Woensdag is Rhoenay heeldag baie doenig om alles reg te kry vir Donderdagaand se uitstappie. Siena en Sipho kyk bekommerd toe. *Waarmee is mevrou Neitjie besig? Sy gaan mos nie uitkamp nie, so wat maak sy met al daardie goed?*

Terwyl hulle twee middagete geniet, bespreek hulle hul kommer met mekaar. "Jy weet, Siena, terwyl mevrou Neitjie al die goete regsit kan ek sommer op die trek van haar gesig sien dat hier 'n ding kom. Amper soos 'n stout kind. Ek weet sy gaan iets doen wat sy nie moet nie. Ek kan dit sommer so aanvoel hier aan my boud se kant. Ek probeer uitvind wat sy wil maak, maar aikôna! Sy willie my sê nie."

Siena knik haar kop bekommerd. "Ek het ook probeer om uit te vind nou waarheen sy wil gaan met al die goed, maar mevrou Neitjie is soos 'n toe boek. Sy sê net sy kry als reg vir wanneer sy dit weer eendag gaan nodig kry. Maar ek ken haar al van kleins af! Sy doen niks sommer net vir sommer nie! Dink jy ek moet vir meneer Zander gaan vertel?"

"Ja, ek dink dit is 'n goeie plan, maar jy moet vir meneer Zander sê hy moenie vir mevrou Neitjie vertel dit is ons wat so loop en skinder nie. Sy gaan baie kwaad wees as sy uitvind, want ons is mos nou soos haar familie."

Siena wag ook net totdat Rhoenay vir haar kom sê dat sy gou na die motorhawe toe gaan om brandstof te kry vir haar vierwiel, voordat sy oor die straat na Zander se huis toe waggel.

Zander het 'n week se verlof ingesit om bietjie tyd te kan bestee aan sy huis wat aandag nodig het. Nadat Chantel oorlede is, het hy geen aandag aan die klein dingetjies gegee nie en nou het baie van hulle groot probleme geword. Vanwaar hy besig is met sy swembadpomp kan hy vir ou Siena op 'n drafstap sien aankom.

"Middag, Siena en wat bring jou so haastig hier na my toe?"

"Middag, meneer Zander. Nee, daar is moeilikheid aan die kom daar by ons huis. Gróót moeilikheid! Mevrou Neitjie is in 'n baie snaakse bui. Sy maak goeters bymekaar, so al of sy op 'n *bootcamp* gaan. Dis 'n nagverkyker, haar klere en stewels vir die bos. Ek het haar vanoggend gesien waar sy haar rewolwer skoonmaak; so al asof sy hom nou-nou gaan nodig kry. Sy het ook nou net gery om die motorfiets vol brandstof te maak. Ek en Sipho weet net dat hier iets baie verkeerd aan die kom is."

Zander voel hoe sy nekhare rys by die aanhoor van Siena se woorde, maar hy probeer heel kalm voorkom. *Waarmee is Rhoenay besig? Het sy haar geheue teruggekry en wil sy nou na die een gaan soek wat haar probeer doodry het?*

"Siena, baie dankie dat jy vir my kom sê het. Ek sal haar nou fyn dophou en seker maak dat jou mevrou Neitjie veilig is."

"Baie dankie, meneer Zander, moet net nie vir mevrou Neitjie sê dat ek kom skinder het nie, 'seblief."

"Wees gerus, Siena, ek sal nie 'n woord vir mevrou Neitjie sê nie."

"Totsiens, meneer Zander, laat ek loop voor mevrou Neitjie my hier sien."

"Totsiens, Siena".

Nadat Siena weg is, los Zander dít waarmee hy besig was en loop huis toe. As Rhoenay besig is om alles gereed te kry, beteken dit dat sy op pad is iewers heen. Hy sal homself dus ook gereed moet kry. Hy loop sy motorhuis binne en trek die seil af wat oor sy eie vierwielfiets is. Hy het darem genoeg brandstof in. Nou moet hy net sy kamoefleerklere gaan soek en reg sit.

Hy probeer soos 'n vroumens dink, maar dit is moeilik. Rhoenay sal nie helder oordag iewers gaan nie, want dit is te maklik om herken te word. Sy sal eerder in die nag gaan. Hmmm... dis hoekom Siena gesê het dat sy die nagverkyker uitgehaal het. Hy is seker dat hierdie punt van hom korrek is. *Ek hoef my dus nie te bekommer deur die dag nie, maar dat daai rissiepit iets in die nag gaan aanvang, is gewis.*

Zander laat sy gedagtes terugdwaal na die tyd toe hy en Chantel hier ingetrek het. Die twee van hulle het mekaar ontmoet toe sy in standard agt en hy in matriek was. Hy is reguit na skool universiteit toe, en hulle het verloof geraak die oomblik toe hy sy graad behaal het.

Nadat Chantel haar eie graad behaal het, is hulle oorsee om 'n bietjie werksondervinding op te doen. Dit het hulle 'n paar jaar geneem om te besef dat Suid-Afrika nog steeds 'n goeie plek is om kinders in groot te maak. Hulle het besluit om terug te keer na hul geboorteland toe.

Sy ouers is ongelukkig albei oorlede in 'n motorongeluk net nadat hulle teruggekeer het en met sy erflating het hy vir hulle hierdie lieflike huis gebou. Hulle is getroud die oomblik toe die huis klaar gebou is.

Hulle het heelwat nuwe vriende gemaak toe hulle hier ingetrek het. Rocco en Rhoenay was veral een van die beste huisvriendpaartjies wat hy en Chantel gehad het. Hulle het dikwels saam gebraai, maar daar was ook kere dat hulle saam op vakansie gegaan het. Die lewe kon nie beter gewees het nie.

Skaars 'n jaar na hulle tweede huweliksherdenking is Chantel met kanker gediagnoseer. Hulle wou daardie jaar probeer het om kinders te kry, maar dit was hulle nie beskore nie. Chantel is oorlede twee weke voor Rocco en hy, Zander, was 'n gebroke man.

Rocco en Rhoenay het hul bes probeer om hom by te staan. Miemie, sy bediende, het eendag by Rocco gaan kla dat dat hy nie eet nie en dat sy baie bekommerd oor hom is.

Rocco het oorgekom en die twee van hulle het 'n paar ure saam deurgebring. Hy het sy hart teenoor Rocco uitgepraat en die twee mans het ook saam 'n traan of twee gestort. Dit was die laaste keer dat hy vir Rocco lewend gesien het.

Hy was verbitterd en het God vir sy lot verkwalik. Hoe kon Hy toelaat dat so iets gebeur terwyl Chantel en sy lewe nog voor hulle gelê het? Dit was Rhoenay se houding nadat sy Rocco en die baba verloor het, wat hom weer op die regte pad gebring het.

Sy was nooit bitter nie, maar sy kon sy bitternis aanvoel en het hom gevra om een Sondag saam met haar kerk toe te gaan. As hy nie van beter geweet het nie, sou hy kon glo dat Rhoenay vooraf vir die dominee gevra het om vir hom, wat Zander is, te preek.

Daardie preek was net vir hóm bedoel, en het die regte uitwerking op hom gehad. Hierna het hy weer met nuwe oë na die wêreld om hom gekyk en dit het Rhoenay ingesluit.

Terwyl hy getroud was het hy geen oë vir ander vroue gehad nie, maar hy het gou besef dat Rhoenay 'n baie spesiale entjie mens was. Die twee van hulle het mekaar ondersteun en omdat hulle seker albei alleen gevoel het, het hulle met die Saterdag-instelling begin. Dit het gou 'n dag geword waarna hy die hele week uitgesien het.

Oor die bestek van 'n paar Saterdae het Rhoenay hom vertel dat sy sekere inligting op Rocco se rekenaar gevind het wat sy dink die rede kon wees waarom hy vermoor is. Sy wou 'n paar dinge uitklaar en dan sou sy die polisie inroep. Rhoenay het hom verseker dat sy nie te veel sou krap nie.

Daardie Vrydagaand toe hy teen skemeraand in die pad afgery gekom het op pad huis toe, sal hy nooit vergeet nie.

Hy kon Rhoenay op 'n afstand in die pad afgehardloop sien kom en agter haar het 'n swart motorvoertuig sonder ligte op haar afgepyl.

Al sy instinkte het oorgeneem en hy het reguit op die swart motorvoertuig afgestuur. As hy nou daaraan dink kry hy hoendervleis. Die laaste ding wat hy duidelik kan onthou is hoe Rhoenay soos 'n lappop deur die lug getrek het nadat die swart motorvoertuig haar skrams getref het.

Dinge het darem daarna goed begin verloop, waaroor hy baie bly is. Die enigste probleem is dat hy vir Rhoenay goed genoeg leer ken het oor die laaste jaar... miskien te goed. Hy weet dat sy gaan klaarmaak waarmee sy begin het.

Dit bemoeilik sy taak, want hy sal nou eers op sy hoede moet wees om haar te alle tye veilig te hou. En die rissiepit maak dit geensins maklik vir hom nie.

Nie lank nadat Rhoenay teruggekeer het van die motorhawe af nie, lui die telefoon. Sy is heel verbaas toe dokter Rademeyer se stem aan die ander kant opklink. Hy wil weet hoe dit met haar gaan en dan heel uit die bloute vra hy haar om vanaand saam met hom te gaan uiteet.

Rhoenay huiwer 'n oomblik maar toe die prentjie van Zander saam met die blondine in haar kop opkom, besluit sy dat dit heerlik sal wees om bietjie uit haar huis uit te kom. Sy aanvaar sy uitnodiging en nadat sy afgelui het, gaan was en draai sy haar hare in.

Rhoenay besluit op 'n goudkleurige rok en bypassende sandale. Toe sy gereed is, bekyk sy haarself in die spieël. *Hmmm... nie te sleg nie, Rhoenay Rheeder*, kan sy nie help om met haarself te praat nie. Stiptelik om sewe-uur lui die hek se klokkie en Rhoenay druk die knoppie om dit oop te maak.

'n Groot wit Mercedes Benz ry die oprit binne en dokter Rademeyer, geklee in 'n swart pak, klim uit met 'n groot bos rooi rose in sy hande. Nadat hy gegroet en haar vertel het hoe pragtig sy lyk, gaan sit Rhoenay gou die rose in water voordat hulle na die restaurant vertrek.

Die restaurant waarheen hy haar neem is 'n baie duur een en alhoewel die atmosfeer, kos en geselskap heerlik is, voel Rhoenay nie heeltemal gelukkig nie. Sy kan nie haar vinger daarop lê nie, maar sy wens eerder dat sy by haar huis was.

Omtrent so kwart voor tien word Rhoenay weer by haar huis afgelaai. Darius Rademeyer vergesel Rhoenay tot by haar voordeur en nadat sy hom bedank het vir die heerlike aandjie uit, word 'n soen op die eenkant van haar voorkop geplant. "Nag Rhoenay, lekker slaap. Ek hoop ons kan weer so maak."

"Nag Darius, baie dankie vir die aand. Ek is seker ons kan dit weer doen." Rhoenay wag totdat sy voertuig deur die hek is voordat sy die knoppie druk wat die hek toeskuif en dan sluit sy die voordeur agter haar.

Sy gaan was dadelik haar gesig en borsel haar tande voordat sy in die bed klim. Dit was 'n lang dag en nadat sy 'n klein deeltjie uit die Bybel gelees het, sit sy die lig af.

Vanwaar Zander in die donker hoek van haar tuin op een van die houtbankies gesit en wag het vir haar om haar skuif te maak, het hy iets heel anders gesien as wat hy verwag het.

Die dokter kom sowaar in sy slaai krap met rose en al! Zander kon sien hoe pragtig Rhoenay in haar goudkleurige rok lyk. Geen man sal haar kan weerstaan nie. Nadat hulle by die hek uit is wou hy eers weer teruggaan na sy eie huis toe, maar hy was so ergerlik dat hy soos 'n woedende bul op en af deur die tuin geloop het.

Nadat hy 'n bietjie kalmer was het hy homself tuisgemaak in een van haar tuinstoele. Hy was op die punt om aan die slaap te raak toe die ligstrale van die dokter se motor hom wakker maak.

Vanwaar hy in die donker sit kan hy sien hoe die dokter 'n soen op Rhoenay se voorkop plant. Magtig, maar hy voel lus en gryp die man aan sy nek en gooi hom by die hek uit!

Nadat die dokter by die hek uit is sien Zander hoe Rhoenay se kamer- en badkamer ligte aangaan. Hy wag in stilte. Maar in plaas van enige aksie van haar kant af, word al die ligte afgeskakel en hy kan hoor hoe die alarm geaktiveer word.

Hy beter hier uitkom voordat die geaktiveerde alarm hom vang. Lyk nie asof sy van plan is om vanaand enigiets aan te vang nie. Nou kan hy ook in vrede gaan slaap. Hy is net nie so seker of hy 'n lekker nagrus sal hê met die wete dat iemand in sy slaai krap nie...

Donderdagaand, nadat Rhoenay haar aandete geëet het en Siena na haar kamer toe is, gaan trek Rhoenay haar kamoefleerklere aan. Sy maak seker dat sy dik kouse aantrek, want alhoewel haar stewels haar voete redelik warm sal hou, weet sy nie hoe lank sy in die koue sal moet sit nie. En sy kan koue voete nie hanteer nie!

Haar rewolwer word stewig in die holster, wat op haar heup hang, gesteek en vasgemaak. Rhoenay pak alles wat sy dalk kan benodig in haar rugsak. Voordat sy haar badkamer verlaat, neem sy van haar grimering en trek swart strepe oor haar wange. Haar hare word op haar kop opgestapel en dan plak sy 'n hoed op haar kop.

Sy neem haar dik baadjie, tel haar rugsak op en dan gaan sy na die kombuis waar sy 'n fles vol warm koffie maak. Mens weet nooit hoe lank sy in die veld sal moet bly nie.

Nadat sy die fles ook in die rugsak gepak het, skakel sy al die ligte in die huis af. Sy loop in die donker na die motorhuis waar sy op die vierwielmotorfiets klim.

Saggies ry sy by die hek uit en maak doodseker dat haar huis se alarm geaktiveer is voordat sy in die pad afry in die rigting van die veld.

Sy vorder vinnig tot waar die straatligte ophou en die veld begin. Dit neem 'n rukkie vir haar oë om gewoond te raak aan die dowwe skyn van die maanlig. Die tweespoor-pad is nou duidelik te sien in die maanlig voor haar.

Rhoenay het haar motorfiets se ligte afgeskakel en sy kruie nou stadig met die pad af in die rigting van die groot hek tussen die landgoed en die naburige plaas.

Toe sy by die hek aankom, ry sy nog 'n entjie verder voordat sy draai en die veld inry. Sy parkeer die motorfiets sodat dit nie sigbaar is vanaf die pad nie en klim af. Dan steek sy haar hand in haar rugsak en vroetel daarin rond totdat sy die draadknipper voel.

Sy gooi haar rugsak op haar rug en stap na die draad waar dit haar nie baie lank neem om 'n groot genoeg gat te maak om deur te kruip nie. Aan die ander kant buig sy die draad weer terug sodat dit nie te opsigtelik is dat daar 'n gat in gemaak is nie.

Dan kyk sy om haar rond en tel 'n groterige klip op wat sy reg by die draad wat sy geknip het, neersit. As dit nodig is om gou te vlug, hoef sy net vir die klip te soek om te sien waar sy moet deurglip. Nou gaan Rhoenay op 'n groterige klip sit en haal die nagverkyker uit haar baadjiesak.

Sy bespied die plaaswerf deur die verkyker. Dit lyk verlate. Sy besluit om nog 'n rukkie te sit en dan weer te kyk of dit nog stil is voordat sy verder beweeg. Gewoontlik sit daar wagte iewers en mens sien hulle net raak wanneer hulle rondbeweeg.

Rhoenay gaan lê plat op haar rug op die klip. Die sterre is so besonders vanaand, so naby, dit lyk amper asof sy hulle kan aanraak as sy haar hand uitsteek. Sy lê vir omtrent twee minute doodstil en die volgende oomblik snuif iets aan haar oor.

Sy spring verskrik op en maak omtrent die onderaardse geluide denkbaar. In die maanlig sien sy 'n vet, ronde dingetjie wat vinnig in 'n opening tussen die klippe induik. Sy druk haar hand oor haar mond en hoop die geluide wat uit haar mond gekom het, het nie te ver in die nagstilte getrek nie. "Verdomde klipklaasneus!"

Sy besluit om 'n bietjie verder teen die klippe af te beweeg in die rigting van die skuur, net vir ingeval iemand wel haar geluide gehoor het en ondersoek kom instel. Haar stewels sorg dat sy redelik geluidloos kan voortbeweeg.

Rhoenay vind 'n tweede skuilplek vanwaar sy weer die plaaswerf verken. Daar is steeds geen beweging te sien nie, maar sy kan sien dat daar ligte in die skuur brand. Na 'n verdere tien minute se gewag besluit sy dat dit nou tyd is vir haar om haar plan in werking te stel.

Sy sluip stadig na die rand van die bos. Voor haar is daar nou net 'n oop stuk gelyk grond en reg langs die skuur is 'n groot selonsroos, 'n paar ander struike en 'n baie ou, groot appelkoosboom.

Vanwaar sy is kan sy twee groot skuifdeure en een sydeur sien wat toegang verleen tot die skuur. Die skuur is gebou van sinkplate tot en met die hoogte van die deure, maar die boonste gedeelte is van deurskynende glas. Hoe sal sy kan sien wat daarbinne aangaan? Sy kan beslis nie by die deur ingaan nie, want sy weet nie wie aan die anderkant wag nie.

Waar sy op haar hurke sit, kan sy sien dat die appelkoosboom dik takke het wat tot by die glasvensters strek. As sy in die boom kan klim, sal sy kan sien wat in die skuur aan die gang is. Dit sal dalk ook die veiligste opsie wees.

Rhoenay haal haar rugsak van haar rug af en versteek dit agter 'n groot klip. Sy sal nie in die boom kan klim met 'n rugsak op haar rug nie. Nadat sy weer vir 'n paar minute seker gemaak het dat daar nêrens beweging is nie, hardloop sy geluidloos oor die oop stuk grond tot by die hoek van die skuur.

Sy kan stemme binne hoor en dit kom al hoe nader na die deur toe. Vinnig kruip sy onder die selonsroos in en sy is ook net onder die boom in, toe mense om die skuur geloop kom.

Hier waar sy plat op haar maag onder die boom lê, klop haar hart so hard dat sy seker is hulle kan dit ook hoor! Maar stadig begin haar hart weer bedaar toe die twee mense verby die boom loop – genadiglik onbewus van haar teenwoordigheid – in die rigting van die plaashuis.

Sy kruip saggies onder die boom uit en sit vir 'n rukkie op haar hurke die omgewing en bespied. Toe sy seker is alles is weer stil en rustig, sluip sy na die appelkoosboom toe. Rats klim sy in die boom en sy het ook net onder die blare verdwyn toe motorligte die plaaswerf verlig.

Rhoenay vind 'n dik tak en bly dan doodstil daarop sit. 'n Silwerkleurige motor kom na die skuur aangery en Rhoenay kan hoor hoe die skuurdeure oopgeskuif word. Maar in plaas van om by die skuur in te ry, stop die motorvoertuig reg langs die boom waarin Rhoenay skuil.

Die motor se voordeur word oopgemaak en sy sien 'n persoon in die rigting van die boom aangehardloop kom. Sy maak haar oë toe. *Oeiee..... hulle het my gesien!*

Dan hoor sy die geluid van water. Sy maak haar oë oop en kyk af na die man waar hy besig is om teen die boom water af te slaan. Terwyl hy besig is, kan sy in die maanlig die verligting op sy gesig sien. Dan trek hy sy gulp toe, stap terug na die motor en klim weer in.

Die motor verdwyn om die hoek en by die skuifdeur in. Sy kan hoor hoe die skuifdeur toegemaak word.

Vir die volgende paar minute sit Rhoenay tjoepstil totdat haar hart weer heeltemal tot bedaring gekom het. Sy gaan wraggies nog 'n hartaanval kry voor dié nag verby is!

Dan klim sy hoër op in die boom totdat sy gelyk is met die glasgedeelte. Sy maak haarself gemaklik op 'n dik tak en vanwaar sy sit kan sy die hele skuur en al die werkers daarin duidelik sien.

In die een hoek van die skuur sien sy die swart Mercedes Benz wat haar probeer raakry het. Die voorkant is heeltemal ingeduik. Dit het natuurlik gebeur toe hy haar getref het!

Daar is rye en rye lang tafels wat vol sakke met wit poeier gepak is. Oral is mense besig om die wit poeier in kleiner sakkies te verpak. Die man wat homself teen die boom verlig het kom uit 'n kantoor in die hoek van die skuur gestap.

Hy loop na die silwerkleurige motor waar hy die paneelkissie oopmaak en 'n groot koevert uithaal. Dan keer hy weer terug na die kantoor in die hoek. Na 'n paar minute kom hy weer uit en dié keer word hy vergesel van 'n blaskleurige vet man met 'n bles kop en 'n boepmaag.

Die vet man skreeu iets en dan kom 'n werker met een van die groot sakke wit poeier aangehardloop. Dit word in die silwerkleurige motorvoertuig se kattebak gelaai en dan word die skuurdeure vir hom oopgemaak. Die motorvoertuig ry stadig om die hoek en by Rhoenay verby waar sy nog bo in die boom skuil.

Sjoe, ek dink ek het genoeg gesien vir een aand! Ek beter hier wegkom. Dit sal buitendien dalk beter wees as ek nou al die inligting aan kaptein Wepener oordra en die res vir hom los.

Maar Rhoenay weet nie hoe sy hom dit alles kan vertel sonder om hom ook te vertel wat sy gedoen het nie. Hy sal haar mos nooit vergewe nie! Maar dit is 'n probleem vir 'n ander dag. Haar huidige probleem is dat sy ongesiens hier moet wegkom en vinnig ook.

Stadig klim Rhoenay weer teen die boom af. Op die grond staan sy tjoepstil die werf en bespied. Dan besluit sy dat sy mos nou hier is, so sy kan net sowel 'n draai gaan gooi by die plaashuis om te sien of sy dalk dáár iets wys kan raak.

Die plaashuis is redelik donker, maar Rhoenay kan op die grasperk sien dat daar 'n lig iewers agter in die huis brand. Daar is 'n rooi Volkswagen Golf langs die huis geparkeer. So, meneer Sulliman het kuiergaste...

Toe sy seker is dat daar geen beweging iewers is nie, sluip sy stilletjies oor die oop stuk grond en verdwyn agter 'n baakhoutbos in.

Vanagter die baakhoutbos staan sy die gebied doodstil en bekyk voordat sy haar skuiling verlaat en teen die plaashuis se muur afsluip, in die rigting vanwaar die lig vandaan kom. Hoe nader sy aan die oop venster beweeg, hoe duideliker klink stemme op.

Sy kom reg langs die oop venster tot stilstand en hoor 'n stem wat klink asof dit Strepsils benodig. Die afgryslike klank stuur rillings teen haar ruggraat af.

"Ek sê nou vir jou dat jy vinnig ontslae moet raak van daai vroumens en die kaptein. Hulle is besig om my besigheid deurmekaar te krap! Verstaan ons mekaar?"

Die hees stem antwoord, "Ek gaan my bes pro.... ."

Maar hy word ru in die rede geval. "Jy beter meer as net jou bes probeer, voordat ek jou dalk nie meer benodig nie! Loop nou!" Rhoenay kan duidelik die onverbloemde waarskuwing in die kras stem hoor.

Sy hoor hoe voete oor 'n plankvloer beweeg en toe hardloop sy vinnig oor die grasperk na waar sy 'n groot groen Jojo-watertenk gewaar het. Van hier het sy 'n goeie uitsig oor die stoep.

Die voordeur gaan oop en Sulliman staan daar. Weereens kan Rhoenay die wreedheid op sy gesig sien.

Dan staan hy eenkant toe en die volgende oomblik verskyn die vent wat in Rhoenay se huis was. Die einste kitaarnek wat haar selfoon en rekenaar gesteel het! Hy groet Sulliman, klim in sy Golf en ry by die werf uit.

Sulliman skreeu op iemand en 'n wag kom vanaf een van die buitekamers aangehardloop. Daar word bevele vir die wag gegee, maar Rhoenay is te ver om te kan hoor wat dit is. Die wag verdwyn om die huis en draf in die rigting van die skuur.

Rhoenay wag 'n paar oomblikke voordat sy weer oor die grasperk in die rigting van die veld sluip. Sy het beslis genoeg gesien en gehoor vir één aand. Sy bereik die veld ook net betyds, want die wag wat Sulliman skuur toe gestuur het, is op pad terug na die plaashuis toe.

Rhoenay koes agter 'n groot klip in en bly doodstil sit. Sy hoor sy stewels waar hulle net 'n paar meter van haar af verby loop. Sy bly gespanne sit totdat sy nie meer 'n geluid kan hoor nie. Dan sak sy terug op haar sitvlak en bly vir 'n paar oomblikke so sit met haar kop tussen haar knieë.

Toe sy weer rustig is, gaan sit sy weer op haar hurke. Sy beter nou doodseker maak dit is veilig voordat sy weer beweeg. Sy moet nog haar rugsak gaan haal en dan beter sy sorg dat sy so vinnig moontlik van hierdie plaas afkom!

Nadat Rhoenay seker gemaak het alles is doodstil en sy geen verdere beweging gewaar nie, maak sy gereed om op te staan, maar die volgende oomblik word sy stewig van agter vasgevat en 'n hand word oor haar mond geplaas.

Stadig en stil word sy weer agter die klip afgetrek grond toe. Dan hoor sy stemme hier reg by die klip. Haar hart bokspring wild in haar borskas.

Sy het nie 'n idee wat nou aan die gang is nie, want die persoon wat haar beet het, beweeg ook nie; so al asof hy ook vir die wagte wegkruip. Sy sal net wag totdat die wagte weg is en dan na haar rewolwer gryp vir beskerming.

Rhoenay hoor hoe die wagte se stemme al sagter word soos wat hulle verder wegstap. Maar voordat sy na haar rewolwer kan gryp, voel sy 'n warm asem hier digby haar oor. "Jy is nou veilig, Meisiekind!" Dan word die hand voor haar mond weggeneem.

Rhoenay voel hoe haar hele liggaam ontspan en sy sak heeltemal terug tot teen sy borskas. Zander se arms gaan om Rhoenay en sy voel hoedat Zander haar teen haar agterkop soen voordat hy haar kop draai en sy lippe op haar hare laat rus. Dit stuur rillings deur haar lyf.

Zander voel die rillings en vou haar stywer in sy arms toe. Dan fluister hy weer in haar oor: "Ek weet dit is koud, maar ons moet versigtig wees. Ons sal nou-nou verskuif."

Rhoenay het nie 'n idee van hoe lank hulle so gesit het nie, maar dit was so lekker dat sy nie wou beweeg toe Zander uiteindelik aandui dat die tyd aangebreek het nie. Hy neem haar hand styf in syne, en dan begin hulle geluidloos oor die klippe, al met die koppie op, beweeg.

In een stadium keer Rhoenay vir Zander en hy bring sy oor tot by haar mond. "My rugsak is daar naby die skuur. Ons moet dit eers gaan haal." Hy fluister terug: "Ek het klaar jou rugsak gekry. Dis daar naby die draad". Hulle vorder vinnig en naby die draad haal hy haar rugsak agter 'n bos uit. Dan help hy haar deur die draad.

Zander neem weer haar hand styf in syne en hulle loop in stilte tot by haar motorfiets waar dit in die lang gras versteek is. Hy sit die rugsak op die motorfiets neer en dan loop hy tot reg voor Rhoenay.

Hy lig haar ken op met sy vinger en dan kan sy in die maanlig sien hoe 'n glimlag oor sy gesig versprei. "My maanlignimf, jy is al te pragtig met jou swart strepe en al!" Sy sien hoe sy kop nader beweeg en haar lippe ontmoet syne gretig. Hy soen haar lank en innig voordat hy weer sy kop lig.

"Belowe my nou, dat jy dít wat jy vanaand aangevang het, nooit, ooit weer alleen sal doen nie. Ek is altyd daar vir jou. Jy weet dit tog! As jy ooit weer so iets aanvang sonder om my te vra om jou daarmee te help, trek ek jou oor my skoot vir 'n goeie loesing!"

Rhoenay kan nie help om te glimlag nie. "Ja en amen, Kaptein! Ek belowe!"

"Ek wil hierdie belofte met 'n soen geseël hê!" Dan kom sy lippe weer nader en hy soen Rhoenay stadig en so passievol dat haar bene voel asof dit in jellie verander.

"Ek het jou gered en nou is dit jou beurt om my te red. Mevrou Rheeder, kan jy my asseblief 'n rit gee tot by my motorfiets?"

"Alte seker, Kaptein, spring op!" Zander spring agter op die motorfiets en dan vou sy arms styf om Rhoenay se middel. Weer word daar in haar oor gefluister.

"'Skuus, maar ek vertrou nie vroumense agter 'n stuurwiel nie!"

Rhoenay lag saggies en trek weg. Zander beduie vir haar die pad na sy motorfiets. Daar klim hy af en gee haar weer 'n vinnige soen.

"Padkos."

Hy volg haar huis toe op sy eie fiets en parkeer langs haar in haar motorhuis.

"Kan ek vir ons koffie maak?"

"Asseblief, en dan kom sit jy by my en vertel my alles wat jy vanaand gesien en gehoor het. En ook sommer om watter rede jy in die eerste plek soontoe gegaan het."

Rhoenay maak vir hulle koffie en dan gaan sit sy langs Zander op die bank. Sy vertel hom van alles wat sy op Rocco se rekenaar ontdek het en hoekom sy besluit het om vanaand te gaan kyk wat op die naburige plaas aangaan.

Sy vertel hom ook van dít wat in die skuur aan die gang is. Sy vertel ook van die kitaarnek wat in haar huis was die aand toe hulle haar probeer doodry het, en wat sy vanaand in die plaashuis saam met Sulliman gesien het. Zander verneem ook van die gesprek tussen Kitaarnek en Sulliman.

"Ek dink ek moet kaptein Wepener môre bel. Ek sal hom vertel dat ék gaan rondsnuffel het op die naburige plaas. As hulle in hegtenis geneem word, sal jy dalk veiliger wees".

"Hmm.... klink na 'n goeie plan, want hy sal my velle aftrek as hy moet weet dat dit eintlik ék was wat daar gaan rondsnuffel het," en met dié woorde lê Rhoenay gemaklik agteroor. Vanaand het haar algeheel uitgeput.

"Hoe het jy geweet waar ek was?" kan sy nie verhelp om te vra nie.

"Hmmm...... jy word deeglik dopgehou, mevrou Rheeder," is al wat hy bereid is om haar te vertel.

Zander kan sien dat sy baie moeg is. Hy trek haar nader sodat sy met haar kop op sy bors kan lê en vou die skootkombers wat eenkant lê sorgvuldig oor haar lyf. Dit neem nie lank nie vir haar om aan die slaap te raak nie.

Zander druk die knoppie van die bank en die voetstut stoot uit sodat hy ook gerieflik kan teruglê op die bank. Hy maak weer seker dat Rhoenay gemaklik is en dan skakel hy die lamp af. Dis ook nie lank voordat sy asemhaling rustig raak en hy slaap nie.

Hoofstuk Ses

So kry Siena die twee van hulle die volgende oggend in die sitkamer: Zander op die naat van sy rug uitgestrek op die bank met Rhoenay vas aan die slaap op sy skoot.

Siena staan hulle vir 'n rukkie met 'n skewe kop en bekyk. *Ai, die tweetjies lyk so goed saam.* Sy vou haar hande saam asof sy besig is om 'n gebedjie op te stuur. Hoe wens sy nie dat die twee van hulle moet trou en klaarkry nie. Albei is so eensaam sedert hulle hul lewensmaats verloor het.

Maar nou ja, hulle sê mos mens moet nie God speel nie, anders loop dinge skeef. Siena glimlag toe sy die swart strepe oor Rhoenay se wange sien. O ja, sy kan sien dat sy en Sipho reg was en dat mevrou Neitjie iets stouts aangevang het. Met 'n *ge-he-he-he* loop sy in die gang af na agter. Sy sal maar daar begin skoon maak sodat sy hulle nie wakker maak nie.

'n Halfuur later maak Rhoenay haar oë oop. Wat maak sy in die sitkamer? Sy draai haar kop effens en dan onthou sy wat die vorige aand plaas gevind het. Zander is nog vas aan die slaap en sy lê hom en bekyk.

Sy wimpers is swart en lank en menige vrou sal hulle oogtande gee om sulke wimpers te kan hê. Rhoenay volg met haar oë die twee diep kepe langs sy mond. Sy ken met die kuiltjie in spog nou met 'n stoppelbaard. Dit is háár skuld. Hy het nie geskeer nie want sy het hom te besig gehou. Maar sy hou van die effense stoppelbaard. Dit laat hom net nog méér aantreklik lyk.

Haar oë sak na sy bors. Sy kamoefleerhemp is oopgeknoop en sy kan ruie swart borshare vir haar sien loer. Sy weerstaan die begeerte om met haar vingers deur die borshare te speel.

Rhoenay draai haar kop om na die horlosie teen die muur te kyk en dan spring sy vinnig op. "Zander! Zander! Dis agtuur! Jy moes al by die werk gewees het!"

Zander strek homself lui uit. "Hmmm... ek het vergeet om jou te sê ek is met verlof." Rhoenay val weer langs hom op die bank neer.

"Kry ek nie 'n goeiemôre-soen en 'n koppie koffie nie, mevrou Apache?" Rhoenay kan eers nie verstaan hoekom hy haar *mevrou Apache* noem nie, maar dan onthou sy dat haar gesig nog seker pikswart is van die vorige aand. Sy het nooit haar gesig gewas nie!

Rhoenay staan op."Ek sal op pad badkamer toe gou die ketel aanskakel. Ek gaan net eers gou my gesig was sodat jy kan ophou om my terg!" en sy verlaat die sitkamer. Rhoenay besluit om sommer gou te stort. Nadat sy haar tande geborsel en room aangesmeer het, trek sy 'n kort geel sonrokkie aan.

Haar lenige bruin bene vertoon uitstekend teen die geel van die rok. Zander sit al klaar met 'n beker koffie op die stoep wat Siena vir hom gemaak het.

"Mevrou Rheeder, jy is soos 'n verkleurmannetjie. Jy verander binne 'n oogwink van 'n maanlignimf in die oulikste Apache. En nou lyk jy soos 'n songodin!" Zander hou met moeite sy oë van daardie paar bene af.

"Meneer De Ridder, jy is soos 'n gladdebek-Italianer wat besig is om 'n onskuldige vrou te verlei!"

Toe Rhoenay verby Zander wil loop om aan die anderkant van die tafel te gaan sit, word sy om die middel gegryp en op sy skoot neergetrek. "Ek het nog nie 'n goeiemôre óf 'n baie dankie-soen vir gisteraand gehad nie!" en met dié word haar kop nadergetrek en hy gee haar weer een van daai soene wat haar soos 'n skoolmeisie laat voel.

Siena bederf hulle met 'n ontbyt wat hulle ten volle geniet. Zander sê hy beter huis toe gaan voordat almal na hom begin soek. Hy het vir niemand gesê dat hy iewers heen gaan nie.

Nadat Rhoenay hom by die voordeur afgesien het, stap sy terug kombuis toe waar Siena nog besig is om op te ruim.

"Jy weet, mevrou Neitjie, terwyl jy in die stort was, het meneer Zander vir my gesê dat hy darem baie lus het vir een van daardie wortelkoeke wat jy partykeer gebak het."

"Haai, weet jy Siena, dit is sowaar één ding wat ek kan onthou ... hoe om 'n wortelkoek te bak. Hoekom bak ons nie sommer gou vir hom een nie?"

Hulle bring die volgende uur in die kombuis deur. Die koek is uit die oond en die versiesel klaar gemaak en in die yskas. Sy sal wag totdat die koek heeltemal afgekoel het en wanneer die koek versier is, sal sy dit later na Zander se huis oorneem.

Rhoenay besluit om te bel en te hoor of Jan Badenhorst iewers vandag 'n tydjie het om aan haar af te staan. Hy klink heel opgewonde oor haar kuiertjie en belowe om seker te maak dat die koffiewater aan is en haar gunstelingkoekies gereed staan. Haar afspraak is vir halftwaalf.

Rhoenay trek 'n paar jeans en 'n rooi kunsleer toppie aan. Sy het besluit om Rocco se motorfiets te neem. Dit is belangrik dat sy beurte maak om met al die voertuie te ry, anders gaan sy met pap batterye sukkel.

In haar kas kry sy haar dik baadjie vir die motorfiets en Sipho wys haar waar die valhelms gebêre word. Nadat sy die adres opgekyk en in die padkaartboek gevind het, klim sy op die motorfiets en ry in die straat af.

Dit neem haar nie lank om weer gewoond te raak aan die fiets nie en voordat sy deur die landgoed se groot hekke uitry, is sy heel gemaklik in die saal.

Rhoenay geniet die gevoel van vryheid wat sy op die motorfiets ervaar. Sy vleg gemaklik deur die middageteverkeer en vind die kantoorblok sommer maklik.

Daar is vier blokke kantore op een erf. Dit lyk vir haar of die kantore almal aan prokureurs en advokate behoort.

Rhoenay parkeer haar motorfiets 'n ent van die ingang af, in die skadu van 'n ou, groot boom. Sy sit nog in die saal en bekyk die wêreld om haar terwyl sy haar handskoene een vir een afhaal toe haar oog die man vang wat by die gebou se ingang met die trappe afgeloop kom. Dit is dan Kitaarnek! Wat maak hý hier?

Hy kyk in Rhoenay se rigting en haar hart kom amper tot 'n stilstand, maar hy neem geen verdere notisie van haar nie en klim in sy Golf wat eenkant staan. Nou eers besef Rhoenay dat hy haar nie herken het nie, danksy die valhelm wat sy nog steeds dra.

Rhoenay wag totdat die Golf om die hoek verdwyn voodat sy die valhelm afhaal. Sy loop die gebou vinnig binne en dit neem nie lank voordat sy by 'n groot direkteurstafel sit waarop koffie en koekies uitgestal is nie.

Die ontvangsdame is heel vriendelik en wil weet hoe dit nou met haar gaan. Dan sê sy dat Jan nie lank sal wees nie en sy moet haarself solank help aan die koffie en koekies.

Rhoenay het ook net haar koffie klaar geskink en aan 'n koekie gehap toe Jan sy verskyning maak.

Hy is 'n lang, skraal man van omtrent vyf-en-vyftig jaar. Daar is duidelike grys strepe langs sy slape wat uitstaan teen sy donker hare. Vriendelike bruin oë loer vanagter 'n swartraam bril na haar.

Skielik onthou Rhoenay sekere dinge omtrent hom. Hy het altyd 'n sigaret in die hand gehad, soos nou – en Rhoenay kan onthou dat hy sekere tye, wanneer hy erg onder druk was en die klerke dom, 'n hele paar vloekwoorde kon uitryg. Daarna het hy het altyd skuldig gevoel en dan is daar vir die klerke kos bestel op sy onkoste.

"Aaahhh…, ek het jou mos gesê dat jy nie my vroulief se koekies kon weerstaan nie, nog al die jare. Hoe gaan dit, my kind?" Rhoenay kry 'n drukkie en 'n soen op haar voorkop.

"Dit gaan baie goed met my op die oomblik, oom Jan, maar daar is 'n paar vrae wat ek graag vir Oom wil vra. Die man wat net voor my aankoms hier uit die gebou gekom het, was die man wat die aand in my huis was toe hulle my probeer raakry het. Weet Oom dalk wie hy is?"

"Jong, Kind, ek het nou nie gesien wie hier by die deur uit is nie, maar hier was nie 'n kliënt nie. Al die werknemers was in 'n groot vergadering wat nou nou net klaargemaak het. As iemand net voor jou hier uit is, is dit dalk iemand wat hier by die firma werk. Hoe lyk die man?"

"Hy het donker krulhare, is redelik geset en van middelmatige lengte. Ek skat hom in sy laat twintigerjare."

"Dit klink baie vir my of dit Jaco kan wees. Ons het 'n jaarboek van die firma; laat ek gou vir Anette vra vir een." En Jan stap gou by die deur uit. Dit neem nie lank voordat hy terugkeer met 'n boek in die hand.

Jan blaai deur die boek op soek na 'n foto van Jaco. "Wat ek nie kan verstaan nie, Rhoenay, is wat Jaco dan in jou huis sou soek."

"Oom Jan, ek weet presies hoekom hy daar was en dit is juis die rede waarom ek Oom vanmiddag wou kom sien."

"Hier, my kind. Hier is 'n foto van Jaco." Rhoenay neem die boek by Jan en herken 'Kitaarnek' dadelik waar hy breed vir die kamera glimlag.

"Ja, oom Jan, dit is die man wat in my huis was, en nou maak dinge ook vir my meer sin. Hy moes, na ek hier weg is, hier begin werk het, want ek kan hom glad nie onthou nie."

"Ja, Kind, Jaco het hier begin werk nadat jy weg is. Nou maar vertel my alles, Kind, dat ek kan hoor," en oom Jan steek weer 'n sigaret aan.

"Oom Jan, ek het uitgevind dat Jaco Rocco se handtekening vervals het net voordat hulle my probeer doodry het. Het Rocco enigsins met Oom hieroor gepraat?"

"Nee, glad nie, maar gaan aan. Ek wil graag weet wat alles gebeur het."

Rhoenay haal 'n slag diep asem – en dan begin sy: "'n Ene Lucas Malopo, die besturende direkteur van die Johannesburge Eiendoms Groep het 'n e-pos aan Rocco gestuur waarin hy Rocco waarsku het dat grond wat aan die Staat behoort onwettiglik getransporteer is aan ene Adbul Ibrahim Sulliman deur van 'n vals volmag gebruik te maak.

"Die volmag wat gebruik is, was van 'n ene Sipho Kervin Mbere wat namens Lucas Malopo die reg gegee het aan Badenhorst & Rheeder om die grond aan Sulliman oor te dra .

"Badenhorst & Rheeder het op hulle beurt weer aan Jaco die volmag gegee om die grond oor te dra. Rocco het hierna 'n e-pos gestuur waarin hy Jaco gewaarsku het om geen grond meer oor te dra wat aan die Johannesburge Eiendoms Groep behoort sonder sy skriftelike goedkeuring nie.

"Jaco het hierdie opdrag egter verontagsaam en Rocco het hom uitgevang waar hy volmag aan homself gee om nóg grond aan Sulliman oor te dra. Jaco het Rocco se handtekening vervals en sodoende die volmag gefabriseer.

"Rocco het nog 'n e-pos aan Jaco gestuur waarin hy aangesê is om sewe-uur die oggend by die kantoor te wees sodat hulle die saak kon bespreek waarna Rocco sou besluit het wat hom te doen staan omtrent die vervalsing van sy handtekening. Ek is seker die vergadering het plaasgevind, maar my man het nooit daardie aand huis toe gekom nie."

"Weet jy, Rhoenay, iets wat vir my baie snaaks was net nadat Rocco geskiet is, is dat kaptein Wepener hier 'n draai kom maak het om by my uit te vind watter bedrog ons hier binne die firma ontdek het.

"Natuurlik het ek nie van enige bedrog geweet nie, want Rocco het my nooit daaroor ingelig nie. Kaptein Wepener het gesê dat Rocco hom op daai laaste dag gebel het en vir hom vertel het dat hy bedrog ontdek het. Rocco het 'n afspraak met Wepener gemaak om hom gou na werk te gaan sien.

"Ons weet nou almal dat Rocco nooit sy afspraak met Wepener nagekom het nie. Die ander ding wat my nou al lank hinder is dat, toe Wepener hier was om my te sien, Jaco baie eienaardige gedrag getoon het.

"In een stadium het ek die deur oopgemaak en Jaco was voor die deur – so al asof hy ons afgeluister het. Hy het met een of ander verskoning gekom dat hy net wou klop, maar ek kon aan sy gedrag sien dat hy skuldig was. En toe ek hom vra waarom hy wou klop en hoe ek hom kon help, het hy kamstig vergeet hoekom hy my wou sien.

"Nou weet ek presies hoekom hy ons afgeluister het: hy wou weet of Rocco met my gepraat het oor die bedrog wat hy gepleeg het! En Jaco het natuurlik geweet dat jy die boks met Sulliman se lêers gevat het want hy het dit seker in die register gesien waarin ons dit alles aanteken. Daarom dat hy by jou huis kom rond krap het."

Jan bly stil en dink 'n oomblik diep na. "Ek veronderstel jy het dokumentêre bewyse van alles wat jy my nou vertel het?"

"Ja, oom Jan, ek het al die bewyse wat nodig is om hom agter tralies te kry."

"Dis goed. Ek sal dadelik vir kaptein Wepener bel sodat hy my kan kom sien."

"Nee, wag bietjie, oom Jan, asseblief! Dit is die laaste ding wat jy nou moet doen! As Jaco uitvind jy weet sal hy jou ook iets aandoen. Kom ons speel eers vir nog 'n rukkie dom.

"Daar is buitendien al klaar sekere inligting wat iewers vandag aan kaptein Wepener deurgegee sal word. Zander, my buurman, sal hom vandag sien om hom al die ander inligting te gee.

"As kaptein Wepener die skurke aankeer, kan ons alles gaan vertel, maar vir eers beter ons maak asof ons niks weet nie. Dit is beter vir ons eie veiligheid.

"Ek sou ook sê, oom Jan, dat jy maar net vir eers Jaco deeglik moet dophou sonder dat hy weet of iets agterkom. Kyk of hy nog steeds voortgaan met sy bedrog. Jóú handtekening sal die volgende een wees wat hy gaan namaak."

"Ai, my kind, dit is werklik hartseer dat sulke lelike dinge reg onder my neus gebeur. Wat my nou nog méér hartseer maak is dat Rocco die inligting vir homself gehou het en dit self probeer hanteer het, sonder om my in te lig. Hy wou my seker beskerm en dit is hoekom hy dit gedoen het."

"Ja oom Jan, dit is presies die Rocco wat ons geken en liefgehad het." Rhoenay onderdruk 'n snik.

"Ja, my kind," sug Jan, "Rocco was 'n man uit een stuk!"

"Ek beter nou weer gaan, oom Jan. Oom moet asseblief baie versigtig wees en moenie dat Jaco enigiets agterkom nie!"

"Ek sal nie, my kind. Dankie vir die besoek. Ek het al so baie na jou verlang. Toe Rocco nog geleef het, het jy darem so nou en dan hier ingewals gekom, maar nou sien ons jou amper nooit nie."

"Ek belowe om regtig te kom kuier net sodra alles oor is. As Jaco my nou hier moet kry, sal hy onmiddellik weet dat ek vir jou alles kom vertel het. So, dit is beter as ek vir eers glad nie hierheen kom nie. Ons moet net eers alles uitsorteer. Maar baie dankie vir die lekker koffie en koekies!" Rhoenay loop na oom Jan en gee hom 'n drukkie en 'n soen op die wang.

"Totsiens, my kind. Wees asseblief versigtig!"

"Totsiens, oom Jan, ek sal en jy moet jouself ook mooi oppas!"

Buite het Rhoenay pas op haar motorfiets geklim en was net van plan om haar valhelm vas te maak, toe haar selfoon in haar broeksak lui. Dit kan seker net haar ma wees, want sy het vir niemand anders haar nuwe selfoonnommer gegee nie.

Sy is dus heel verbaas toe Zander se stem aan die ander kant opklink. Rhoenay besef dat Siena vir hom die nommer gegee het.

"Hallo, my songodin. Hoe gaan dit met jou?"

Rhoenay lag. "Hallo Zander, ek gaan jou Guiseppe begin noem – na die vleiende Italianer. Jy is altyd besig om my te probeer vlei! Dit gaan goed met my, dankie, en daar by jou?"

"Heel goed, dankie. Ek is pas klaar met my ontmoeting met kaptein Wepener, maar ek sal jou later inlig oor alles wat bespreek is. Die rede waarom ek bel is omdat die weervoorspelling sê dat dit môre 'n heerlike warm dag gaan wees en ek het gewonder of jy lus voel om saam met my op die Vaalrivier te gaan bootry?"

Sonder om te aarsel sê Rhoenay: "Dit klink wonderlik! Ek sal baie graag wil saamgaan, dankie. Wat moet ek alles saambring?"

"Moenie bekommer oor kos en drinkgoed nie. Miemie is al klaar besig om kos voor te berei vir 'n hele weermag! Bring net jouself, jou sonroom en die kleinste bikini wat jy in jou kas het!" Sy hoor hom saggies lag.

"Hmm... dit klink alweer asof jy my wil verlei, Guiseppe!"

"Wees eerlik; jy hou daarvan om verlei te word, Songodin!"

Rhoenay klink gemaak-ergerlik: "Ek gaan nie daarop kommentaar lewer nie! Jy moet maar self besluit. Hoe laat moet ek reg wees?"

"Ek sal jou so sewe-uur kom haal as dit reg is met jou?"

"Doodreg, sien jou dan!"

Rhoenay steek haar selfoon weer in haar sak en besluit om 'n draai by die winkels te gaan maak. Sy kan nie te veel goed koop nie, want sy het net 'n rugsak, so dit sal vinnig gaan. Sy kry 'n goue bikini wat lyk asof dit gemaak is van spinnekopdrade met 'n bypassende oorvou-mini. Dit maak net die nodigste gedeeltes toe en lyk wonderlik teen haar sonbruin vel.

Sy vind ook 'n ligte seegroen sonrok wat gate op die maaggedeelte het, langs die sye af en by die borsgedeelte wat net genoeg vel laat uitsteek. Rhoenay weet dat sy sexy lyk in die rok. Die laaste item wat sy koop is 'n nuwe parfuum.

Heel tevrede met haar inkopies besluit sy dat dit tyd is om huis toe te gaan. Sy wil gou vir Siena haar inkopies gee om te was en te stryk sodat sy dit môre kan aantrek.

Terug by die huis gee sy die inkopies vir Siena om na om te sien, en gaan na haar kamer. Vir die volgende twee ure verander haar slaapkamer in 'n skoonheidsalon. Haar gesig word gestoom, met 'n room geskuur, 'n masker word aangesmeer en terwyl die masker droog word, word die toonnaels en naels seegroen geverf.

Toe haar naels droog is besluit sy om 'n lang bad te neem waarby allerlei minerale gevoeg word. Laastens word haar hare met 'n moddermasker bedek. Nadat sy uitgeklim, afgedroog en haar hare gewas het, bekyk sy haarself in die spieël. Die masker het 'n goeie werk gedoen want sy lyk sommer vyf jaar jonger! Haar nat hare lê blink oor haar skouers.

Rhoenay blaas haar hare droog en trek 'n kanterige spanningsbroek en lang toppie aan.

Siena het vir haar heerlike viskoekies en kapokaartappels vir aandete gemaak en Rhoenay lê hongerig weg aan haar kos. Sy het nooit middagete geëet nie. Sy was te besig met inkopies.

Die wortelkoek vang Rhoenay se oog en dan onthou sy dat sy dit nog vir Zander moet oorneem. Sy haal die koue versiersel uit die yskas en dan versier sy die koek noukeurig voordat sy dit in 'n lugdigte koekblik sit en oor die straat stap om dit vir Zander te neem.

Sy loop by Zander se voordeur verby en om die huis se hoek na waar die kombuisdeur oopstaan. Miemie is binne besig om skottelgoed te was.

"Goeienaand, Miemie, hoe gaan dit?"

'n Groot glimlag verskyn op die verrimpelde ou gesig. "Goeienaand, mevrou Rhoenaytjie, mag maar dit is goed om jou te sien! Nee, dit gaan baie goed hier by meneer Zander se kant."

"Ek het net gou vir meneer Zander 'n koek gebring," sê Rhoenay en voeg vinnig by: "Nie dat ek dink jy kan nie koek bak nie, maar meneer Zander was baie lus vir my wortelkoek. Is hy by die huis?"

"Meneer Zander het nou-nou net gekom en hy het gou gaan stort."

"Nee, maar dan is dit reg. Gee vir hom die koek as hy klaar gestort het, hoor. Ek sal hom môre-oggend sien. Totsiens, Miemie. Lekker aand verder."

"Ek sal vir hom gee net sodra hy uit die stort is. Totsiens, mevrou Rhoenaytjie."

Rhoenay draai om en volg die paadjie weer om die huis. Toe sy verby die voordeur loop sien sy dat die sitkamer se ligte brand. Deur die kantgordyn kan sy duidelik die blonde vrou uitmaak wat so 'n paar aande terug vir Zander kom kuier het. Die vrou sit op die bank met haar voete onder haar ingevou. Sy het haar nagklere en 'n japon aan.

Rhoenay is só geskok dat sy sommer vinniger loop. Sy storm oor die straat en by haar huis in. *Wat op aarde is aan die gang? Hy flankeer met my, maar het 'n verhouding aan die gang met die blondekop. Die dametjie is al in haar slaapklere en gereed vir die nag.*

Daardie aand kan Rhoenay glad nie aan die slaap raak nie. Elke keer as sy haar gedagtes laat gaan na wat in die huis oorkant die pad aangaan, rol die trane by haar wange af. Sy is definitief mal verlief op Zander, maar dit lyk nie asof hy dieselfde oor haar voel nie.

As hy regtig verlief was op haar, sou hy nie nou 'n ander vrou in sy huis gehad het nie. Hy is net besig om haar vir sy eie vermaak te gebruik en sy gaan dit glad nie meer toelaat nie. Hy kan môre-oggend die blonde nimf saamvat om te gaan bootry, want sy is nie beskikbaar nie!

Sy raak uiteindelik van pure uitputting in die vroeë oggendure aan die slaap.

Saterdagoggend, so kwart voor sewe se kant, word sy deur Siena wakker geskud.

"Mevrou Neitjie, meneer Zander is hier. Hy sê dat julle gaan bootry vandag."

"Siena, gaan sê vir baas Zander hy moet loop en daardie vrou wat gisteraand by sy huis geslaap het gaan haal om saam met hom te gaan bootry. Ek is nie beskikbaar nie!"

Siena staan Rhoenay half geskok en aankyk, maar sy kan die erns in Rhoenay se oë sien. Terwyl sy met die trappe afloop ondertoe, kan Siena nie help om te wonder wie die vrou is waarvan Rhoenay praat nie.

Meneer Zander hou van haar Neitjie, hoekom sal hy haar dan verneuk met 'n ander vrou? Maar sy word betaal om haar werk te doen en op hierdie oomblik is dit om Rhoenay se boodskap aan meneer Zander oor te dra.

"Meneer Zander, mevrou Neitjie sê dat jy daardie blonde vrou wat daar by jou huis bly moet saamneem om te gaan bootry vandag. Sy gaan nie saam met jou nie."

Zander se mond val oop. "Wat de .....?" Hy staan hande in die sye en bekyk die vloer. 'n Hand word deur sy swart hare gestoot.

Toe hy uiteindelik weer na Siena opkyk, sien sy 'n groot glimlag op sy gesig.

"Siena, gaan sê vir mevrou Neitjie as sy nie nou haar klere aantrek en dadelik hier kom nie, gaan ek dit vír haar kom aantrek!"

Siena drafstap die trappe op want sy kan die gevaartekens in meneer Zander se oë sien.

"Mevrou Neitjie, meneer Zander sê as jy nie nou jou klere aantrek en ondertoe kom nie, gaan hý dit vir jou kom aantrek!"

"Siena gaan sê vir meneer Zander dit is my huis dié en hy moet dadelik loop voordat ek die sekuriteit bel om hom te kom verwyder!"

"Maar mevrou Neitjie, die man is ernstig! Ek kan nie dit vir hom gaan sê nie. Die man is kwaad!"

"Wel, Siena, ek is ook kwaad en ek gaan vandag nêrens nie. Ek is moeg en gaan nou weer slaap." Rhoenay draai om en sit 'n kussing oor haar kop om aan te dui dat dit die einde van die gesprek is.

Siena loop stadig met die trappe af, en sien dat Zander hande in die sye by die laaste trap vir haar staan en wag. Sy skud net haar kop vir hom.

Zander storm by Siena verby en die trappe op. Hy klop aan Rhoenay se kamerdeur en toe daar geen antwoord is nie, storm hy die kamer binne. Sy lê op die bed met 'n kussing oor haar kop. Zander gee een lang tree tot langs die bed en dan gaan sit hy saggies op die kant van die bed.

"Rhoenay, ek …."

Rhoenay vlieg op en slaan met die kussing na hom.

"Hoe durf jy my kamer sonder toestemming binnekom, jou buffel?"

Zander gryp die kussing uit haar hande. "Rhoenay, ek hét geklop, maar jy het nie geantwoord nie!"

"Dit gee jou nog steeds nie die reg om net in te kom nie. Gaan asseblief dadelik uit! Ek het vir jou 'n boodskap saam met Siena gestuur. Is jy doof of wat?"

Zander sit haar net en aankyk en kan duidelik traanspore oor haar wange sien. Sy lyk tog te oulik met haar hare wat so deurmekaar gekrap is! Dit is duidelik dat sy gisternag nie 'n oog toegemaak het nie.

"Rhoenay, die blondekop vrou …," probeer hy weer.

"Ek wil niks van haar of jou weet nie. Lóóp! Nóú! Hier! Uit!"

"Rhoenay, ek gaan nie loop voordat jy na my geluister het nie!"

Rhoenay sak met 'n dramatiese sug terug teen haar kussing. Sy plaas haar een arm oor haar oë sodat hy nie haar dik gehuilde oë moet raaksien nie.

"Praat en kry klaar sodat jy jou ry kan kry!"

"Die blondekop vrou wat op die oomblik by my kuier is my suster Yolandi. Dit sal lekker wees om haar te nooi vir 'n bootrit, maar sy het haar eie kêrel en ek sal baie eerder saam met jóú wil gaan."

Rhoenay lê doodstil en luister en besef dan sy watter gek sy van haarself gemaak het! Sy bloos bloedrooi. Hoe kan sy hom ooit weer in die oë kyk?

Maar Zander maak dinge vir haar maklik. Hy lig haar op en druk haar styf teen hom vas. Sy hart klop ontstuimig toe hy die warmte van haar borste deur sy hemp voel slaan. Hy beter hier uitkom voordat hy iets onverantwoordelik doen.

"Kom, mevrou Rheeder. Nou weet jy dat ek net oë het vir jou en dat ek die dag saam met jou wil geniet en nie ander blonde dames nie. Ek gee jou 'n halfuur om gereed te maak, anders kom help ek jou aantrek!"

Zander soen haar op haar hare, verlaat die kamer en trek die deur agter hom toe.

Rhoenay spring vinnig uit die bed, vlieg in die stort in en net so vinnig weer uit en trek haar nuwe seegroen sonrok aan. Haar bruingebrande vel loer orals by die gate uit. Sy probeer haar dikgehuilde oë regdokter met grimering en dit neem haar nie lank nie om haar hare reguit te borsel nie. Vinnig word 'n sonroom, 'n bietjie grimering, parfuum, hareborsel, handdoek en bikini in haar sak gegooi en dan trippel sy met die trappe af na onder.

Siena staan in die voorportaal met 'n plastiekbak in haar hand. Sy glimlag van oor tot oor vir Rhoenay. "Julle ontbyt," is al wat sy sê voordat sy die bak aan Rhoenay oorhandig en met haar oë na buite beduie.

Rhoenay kry Zander waar hy besig is om aan sy Hilux se sleepstang, waaraan die boot gekoppel is, te peuter. Die oomblik toe hy haar sien kom staan hy reg voor haar. Rhoenay laat haar oë sak, maar haar ken word ferm met sy een vinger opgelig en hy kyk haar reguit in die oë.

"Jy lyk asemrowend, mevrou Rheeder. Belowe my nou hier dat jy nooit, ooit weer jou eie gevolgtrekkings sal maak nie, maar eerder met my sal kom gesels. Ek wil nooit weer hierdie pragtige oë so dik gehuil sien nie. Belowe my."

"Belowe, Zander!"

Sy sien hoe Zander sy kop afbuig en haar liggies op haar lippe soen. "Kom laat ons ry en onsself gaan geniet!" nooi hy vrolik.

Op pad rivier toe voer Rhoenay vir Zander van Siena se plaatkoekies – 'n aksie wat hy natuurlik baie geniet. Nadat hulle klaar geëet het, sit Zander sy hand op Rhoenay se been. Sy sit 'n bietjie soos 'n standbeeld en dan kalmeer sy en sit haar hand bo-op syne. Dit is in oomblikke soos hierdie dat Zander baie bly is oor sy outomatiese bakkie, want hy wil die been nie laat los nie...

Hoofstuk Sewe

By die rivier aangekom, help Rhoenay vir Zander om die boot in die rivier te sleep en hulle kampplek vir die dag reg te kry. Hulle pak die stoele uit en kry solank die braai reg sodat hulle bietjie later kan braai as hulle terugkom van die rivier af.

Toe alles reg is, sê Rhoenay vir Zander dat sy net gou kleedkamers toe gaan om haar baaikostuum aan te trek en dat sy nou sal terug wees.

Rhoenay trek haar nuwe bikini aan en maak haar lang hare in 'n poniestert vas. Sy knoop die bypassende oorvou-minirompie oor haar kostuum vas. Haar lippe word gesmeer met deurskynende lipglans en laastens rond sy die uitrusting af met haar sonbril.Toe sy klaar is, stap sy na waar die boot vasgemeer is.

Soos Rhoenay aangestap kom sien sy dat Zander binne-in die boot besig is en dat daar 'n rooikop-vrou op die wal met hom staan en gesels.

Die vrou het 'n korter as kort kortbroekie aan wat haar boudwange parmantig laat uitsteek. Haar middelrif is heeltemal kaal en sy het die kleinste toppie aan wat Rhoenay nog ooit gesien het. Dit lyk eerder of sy op die hoek van Johannesburg se berugte Troyestraat hoort!

Zander sien haar aangeloop kom en klim uit die boot. Toe Rhoenay naby genoeg is, word sy om die skouers geneem met 'n "en dit is nou Rhoenay waarvan ek julle almal vertel het. Rhoenay dit is Beverley wat by ons kantore werk."

Rhoenay glimlag vriendelik. "Aangename kennis, bly om jou te ontmoet!" Terwyl sy praat kan Rhoenay sien hoe sy deurgekyk word asof sy iets onsmaakliks is wat die kat ingedra het.

Beverley se glimlag is sonder warmte. "Hmmm... inderdaad bly om jou ook te kan ontmoet. Zander kan nie ophou om oor jou te praat nie."

Sy drapeer haarself behoorlik om Zander se ander arm en haar borste word in sy ribbekas gedruk terwyl haar rooi mond in 'n tuit na hom opgelig word. Rhoenay is seker dat as sy een harde nies gee, daardie hoofligte van haar op arme Zander se arm gaan beland!

Die klein swart ogies wat Rhoenay die hele tyd dophou herinner haar aan 'n slang.

"Ek hou van jou parfuum, Rhoenay ... wat is dit wat jy dra?"

Rhoenay byt op haar tande, maar antwoord beleefd, "Aromatics Elixir van Clinique."

Hoewel Rhoenay kan sien dat Zander ongemaklik voel, kom hy darem tot hulle albei se redding.

"As jy ons sal verskoon, Beverley. Ons gaan 'n bietjie met die boot vaar."

Rhoenay is so verlig om ontslae te wees van die vrou dat sy nie eers haar antwoord: "Sien julle later", hoor nie.

Zander stuur die boot behendig tot in die middel van die dam waar hy die waterwurm oor die kant uitgooi.

"Jou beurt eerste, Meisiekind. Maar voordat jy in die water spring, kom eers hier dat ek vir jou sonbrandmiddel kan help aansmeer. As ek jou vanaand verbrand huis toe neem gaan Siena mý braai!"

Rhoenay trek haar oorvou-mini uit en Zander se oë peul amper uit hul oogkaste. Hy gee 'n wolwefluit wat Rhoenay laat bloos.

"Magtig! Maar hierdie prentjie is nie goed vir 'n man se hartspiere nie!"

"Komaan, Guiseppe, jy praat nou weer te veel!"

Zander neem die room by Rhoenay en dan smeer hy haar hele lyf sensueel en stadig met die room. Rillings trek langs haar rugstring af en sy wens hy hou nooit op nie.

"Jy beter nou in die water klim, anders gaan ons vandag net hier bly en hierdie hele bottel room op jou smeer…"

Rhoenay lag en Zander help haar met die trappe af tot in die water.

Die res van die oggend maak hulle beurte om met die waterwurm op die water rond te rits terwyl die ander een die boot bestuur. Dit is omtrent halftwaalf wanneer Zander sê hulle beter die vuur gaan aansteek, anders eet hulle nie vandag nie.

Terug op die wal neem dit die listige Beverley nie lank om agter te kom dat hulle terug is nie. Zander het die vuur aangesteek en hulle sit rustig en kuier – Zander met 'n bier in die hand en Rhoenay met 'n glas wyn. Beverley kom na hulle oorgestap asof sy op die een of ander modevertoning in Italië is.

Sy maak haarself ongenooid tuis op Zander se groot verkoelboks. Zander bied haar 'n wyn aan wat sy oorgretig aanvaar. Dan begin sy oor allerhande dinge gesels wat meestal te doen het met die kantoor en werk. Dit is duidelik dat sy Rhoenay uit die geselskap wil hou. Zander moes dit ook agtergekom het, want hy probeer haar telkens terugbring na 'n onderwerp waaroor Rhoenay ook kan gesels.

Dan vra Beverley skielik uit die bloute vir Rhoenay waar sy haar vals naels laat doen en hoe gereeld sy dit laat doen.

Rhoenay vererg haar bloediglik, maar bly kalm en antwoord bedaard: "Beverley, ek het nie vals naels nie. Dit is my eie naels."

Beverley trek haar skouers op en verander die gesprek. Rhoenay vang Zander se oog en kan die stoute duiweltjies daarin sien rondspring.

Toe die vuur reg is, begin Zander die vleis opsit. Beverley het haarself intussen in Zander se stoel tuisgemaak. Sy babbel eenstryk deur. Zander staan met sy rug na hulle want die rook waai in sy gesig as hy na hulle gedraai staan en braai.

Beverley is nog nie klaar met haar katterigheid nie. "Rhoenay, sê my hoe hou jy jou haarverlengings so natuurlik? Dit lyk amper soos jou eie hare."

Rhoenay se ma het haar baie goeie maniere geleer, maar die ongeskikte en ongemanierde vrou is vir haar skielik net een te veel.

"Beverley, vandat ek jou ontmoet het karring jy aan my! Eers wou jy weet watter parfuum ek dra, toe wil jy weet waar laat ek my vals naels doen en nou wil jy weet hoe versorg ek my vals hare. Vir jou inligting – hoewel dit niks op aarde met jou te doen het nie – ek het my eie naels, my eie hare, my eie tande en my eie borste! Wat wil jy nog weet, hmmmm? Het jou ma jou nie maniere geleer toe jy klein was nie?"

Beverley word bloedrooi in haar gesig, dan plak sy die glas wyn op die tafel neer en storm na haar eie kampplek toe. Rhoenay sit haar agterna en kyk en dan hoor sy hoe Zander saggies begin lag. Dan begin hy al hoe harder lag totdat jy hom wie weet waar kan hoor.

Dit neem lank vir sy lagbui om te bedaar. "Verskoon tog, Rhoenay, maar dit was nou so oulik gedoen, ek kon myself nie keer nie! Ek wonder net hoekom dit jou so lank geneem het om haar reg te sien? Sy kort al lankal dat iemand haar vasvat!"

Nou lag Rhoenay ook. "Dit het so lank geneem omdat ek grootgeword het met maniere."

Zander en Rhoenay geniet die res van die dag in vrede – sonder dat hulle weer vir Beverley sien.

Dit is omtrent sewe-uur die aand toe hulle doodmoeg by die huis aankom. "Sal ek gou vir ons iets maak om te eet?"

"Nee dankie, Meisiekind, ek beter huis toe gaan, want arme Yolandi is al heeldag alleen. Nou-nou dink sy haar ouboet is nie meer lief vir haar nie. Sy is ook nog net twee dae hier en dan vertrek sy oorsee saam met haar kêrel. Die twee van hulle gaan bietjie in London werk."

Nadat Rhoenay vir Zander bedank het vir die heerlike dag en hy haar die langste nagsoen ooit gegee het, stap sy met 'n gelukkige hart haar kombuis binne.

Siena het vir haar kos gelos onder 'n net waaraan sy met lang tande peusel. Sy het haarself nou regtig vandag gate uit geniet. Behalwe natuurlik vir die Beverley-vroumens en haar ongeskikte maniere!

Rhoenay gaan stort en klim vroeg in die bed. Net voordat sy aan die slaap raak onthou sy dat sy nooit vir Zander gevra het wat hy met kaptein Wepener bespreek het nie.

Sondagoggend is Rhoenay vroeg wakker. Sy maak gereed om kerk toe te gaan en net voordat sy kombuis toe gaan bel haar ma om te vra of sy haar en haar suster wil ontmoet vir middagete, 'n fliek en inkopies. Rhoenay aanvaar die uitnodiging en nadat hulle afgespreek het waar om te ontmoet, gaan Rhoenay kombuis toe om vir haar ontbyt te maak.

Nadat sy klaar geëet het, skakel sy 'n paar ligte aan sodat dit nie te donker is as sy vanaand huis toe kom nie. Voordat sy die huis verlaat maak sy seker dat sy die alarmstelsel aktiveer.

Ná kerk ry Rhoenay na die winkelsentrum waar sy haar ma en Luanne ontmoet. Hulle besluit om by *I'll Forno* middagete te geniet. Hulle gesels aanmekaar sonder ophou en Rhoenay geniet dit terdeë.

Al drie stem saam dat hulle fliekkaartjies vir die vyfuur-vertoning wil kry omdat die fliek baie gewild is. Gewapen met die kaartjies stap hulle nou in die winkels rond op soek na mooi goed om te koop.

Rhoenay is maar te gewillig om haar jonger suster te help om klere en skoene te vind wat sy kan terugneem universiteit toe. Net voordat die fliek begin, gaan laai hulle gou al die inkopies in die motor se kattebak.

Toe die fliek begin is elkeen gereed met springmielies en 'n Coke in die hand. Die fliek is gebaseer op 'n ware storie en dis nie lank voordat al drie in hulle handsakke rondkrap vir sneesdoekies nie!

Die fliek handel oor 'n paartjie wat mekaar deur moeilike tye vind, net om uit te vind dat sy terminale kanker het. Rhoenay dink aan Zander en Chantel en dit veroorsaak dat sy sommer baie meer hartseer is toe sy die fliek verlaat.

Sy ry ingedagte huis toe nadat sy haar ma en suster gegroet het. Haar ma moet vir Luanne by 'n vriendin gaan aflaai, want sy gaan die volgende oggend saam met dié vriendin terugry koshuis toe.

Toe sy haar motorhuis nader, vertel die liggie op haar draagbare afstandbeheer haar dat haar huis se alarm nie geaktiveer is nie. Maar sy is doodseker dat sy die alarm aangesit het voordat sy die huis verlaat het. Was Siena dalk in die huis en het sy vergeet om die alarm aan te skakel?

Rhoenay parkeer die motor en nadat sy seker gemaak het dat die motorhuisdeur toe is, stap sy die huis binne.

Sy sit haar handsak en springmieliesboks op die tafel in die voorportaal neer en dan loop sy die sitkamer binne.

Haar voete is seer van die hele dag se rondloop. Rhoenay sak in die sagte rusbank neer en begin haar skoene se bandjies losknoop. Sy is vooroor gebuk oor haar voete toe sy 'n geluid van die gordyn se kant hoor.

Die gordyne is dig toegetrek. Haar hart voel of dit by haar keel gaan uitspring, maar Rhoenay maak of sy dit nie gehoor het nie en probeer onder haar hare deur na die gordyn se kant loer.

Haar rewolwer is in haar handsak in die voorportaal. As sy opspring en hardloop, gaan wie ookal agter die gordyn versteek is, haar aan haar nek gryp nog voordat sy om die hoek verdwyn.

Nee, sy beter net maak asof sy dit nie gehoor het nie. *Wees normaal, wees normaal,* gesels die stem binne haar.

Dit is beter dat jy net normaal hier uitstap en wanneer jy om die hoek is kan jy hardloop vir jou rewolwer. Sy trek haar linkerskoen uit en vanwaar sy onder haar hare deurloer na die gordyn kan sy die punte van twee blink, swart skoene sien uitsteek – daar waar die gordyne en vloer bymekaar kom.

Rhoenay staan ongeërg op en skakel die televisie aan. Sy verander 'n paar keer van kanaal. Fluit-fluit slenter sy by die sitkamer uit en die oomblik wat sy buite sig is, nael sy op haar handsak af. Sy is so verbouereerd dat sy haar hele handsak op die mat uitgooi.

Met die rewolwer in haar hand loop sy versigtig terug na die sitkamer. Haar hande bewe, maar die stemmetjie binne haar praat nou een strook deur en dit kalmeer haar effens.

Rhoenay loer versigtig om die sitkamerdeur en dan sien sy dat die gordyne nou in die wind waai. Wie ook al agter daardie gordyn was, is nou by die skuifdeur uit.

Sy neem egter geen kanse nie. Sy benader die gordyne versigtig en laat haar rewolwer eers sak toe haar vermoede bevestig is. Rhoenay maak die skuifdeur toe, sluit dit en loop dadelik om die alarmstelsel buite te gaan aktiveer.

As die skurk nog in die tuin is sal die alarm wel afgaan en dan sal die sekuriteit uitkom na haar huis toe. Maar Rhoenay voel nog bietjie ontsenu en sy loop van vertrek tot vertrek op die grondvloer om seker te maak dat wie ookal in die huis was, nie per ongeluk sy maatjie hier gelos het nie. Gelukkig is daar niemand nie en sy kan nie sien dat iets uit haar huis gesteel is nie.

Rhoenay loop met die trap na bo en dan doen sy dieselfde op die boonste verdieping. Sy weet as sy dit nie doen nie sal sy nooit vanaand 'n oog kan toemaak nie. Wanneer sy klaar is en oortuig is dat daar niemand in haar huis is nie, sal sy vir Zander bel en hom vertel wat gebeur het.

Nadat sy al die vertrekke deursoek het, skakel sy die binne-alarm van die huis aan. Dan loop sy na haar slaapkamer.

Rhoenay loop om die bed na waar die huistelefoon is. Sy haal die koordlose telefoon van die mikkie af en loop dan na die badkamer terwyl sy outomaties Zander se telefoonnommer begin skakel. Sy verstar toe haar oog die badkamerspieël vang.

Sy druk die telefoon dadelik dood. Op die spieël is groot letters wat met haar rooi lipstiffie geskryf is: *Rhoenay, jy moet dadelik jou huis verlaat. Daar is groot moeilikheid. Kom dadelik na die toring. Ek wag vir jou daar. Zander xx.*

Rhoenay voel hoe haar keel toetrek. Wat de duiwel is nou aan die gang? Maar sy gaan beslis nie wag om uit te vind nie. As Zander sê daar is moeilikheid, gaan sy hom definitief glo. Het dit iets te make met die persoon wat vanaand in haar huis was? Probeer Zander haar waarsku en wil hy haar hier uitkry? Gaan hulle dalk later vanaand weer terugkom vir haar?

Haar kerkrok word vinnig verruil vir 'n paar jeans en 'n T-hemp en gemaklike drafskoene. Daar is nie tyd vir mooimaak nie. Sy wil net so gou moontlik by Zander uitkom om te hoor wat aangaan.

Rhoenay verlaat die huis só holderstebolder dat sy skoon vergeet om haar selfoon en rewolwer saam te neem. Toe sy dit agterkom, is sy al halfpad met die pad af op haar vierwiel en besluit sy dat dit nie saak maak nie. Zander sal wel sy selfoon en rewolwer byderhand hê.

Daar is nog genoeg maanlig om te kan sien waar sy ry. Sy ken die paadjie ook darem al goed genoeg en dit neem nie lank voordat sy langs die toring parkeer nie.

In die donker kan Rhoenay die ander motorfiets uitmaak, maar sy sien nie vir Zander nie. Sy begin saggies na hom roep. Dan hoor sy voetstappe naderkom.

Hy kom na haar toe aangeloop, maar hy is net 'n donker figuur en sy kan glad nie sy gesig uit maak nie.

"Zander, wat gaan aan?"

Dit is toe die figuur omtrent 'n meter van haar af tot stilstand kom, dat Rhoenay besef dit is nie Zander nie!

Sy draai op haar hakke om en begin met die pad afhardloop, maar sy vorder nie baie ver nie voordat sy stewig van agter af vasgegryp word.

Iemand slaan haar hard teen haar kop en sy syg op die grond neer. Iewers in die verte kan sy mense hoor praat, maar sy kan nie uitmaak wat gesê word nie.

Sy word ru opgetel en soos 'n sak patats oor 'n skouer gegooi. Dan word sy voor iemand op 'n motorfiets neergesit. Rhoenay hoor hoe die motorfiets aangeskakel word en dan begin dit vorentoe beweeg.

In haar onderbewussyn probeer sy volg waarheen hulle met haar op pad is, maar haar kop klop só van die hou dat sy nie goed kan konsentreer nie. Hulle is blykbaar op pad na die groot hek tussen die landgoed en die naburige plaas. *O, neee!* As hulle haar eers daar het, is dit klaarpraat met haar!

Paniek begin die oorhand kry. Rhoenay draai om en krap met haar naels na die gesig hier skuins agter haar. Sy voel bloed en vel onder haar naels en terselfdertyd hoor sy die lelikste vloekwoorde denkbaar.

Dan kry sy weer 'n harde hou teen die kop en sy verloor haar bewussyn.

Met rukke kom Rhoenay by, maar sy hou haar lyf slap en haar oë toe. Dit sal dalk beter wees as sy maak asof sy nog bewusteloos is. Dit sal verhoed dat sy nog houe teen die kop kry. Sy sal haar kans afwag en dan eerder probeer ontsnap.

Die motorfiets hou voor die plaashuis stil en haar slap lyf word oor die stuurwiel neergelê. Rhoenay kan hoor hoe die stemme in die rigting van die huis verdwyn. Nou is haar kans!

Met haar kloppende kop klim sy vinnig van die motorfiets af en hardloop om die huis in die rigting van die skuur. Sy is egter nog net halfpad om die huis toe sy hoor hoe hulle vanaf die motorfiets skree.

Sy sal dit nooit tot by die skuur maak nie. Sy val plat op haar maag en seil vinnig soos 'n slang onder 'n struik in en lê dan doodstil en wag. Sy is doodmoeg en haar kop pyn ontsettend waar hulle haar geslaan het. Rhoenay lê met haar kop op haar arms en kan die taai van bloed op haar arms voel. Sy voel hoe sy begin krampe in haar bene kry, maar kan dit nie waag om te beweeg nie want hulle sal haar hoor.

Hulle begin die omgewing met flitsligte deursoek. Waar Rhoenay doodstil onder die struik lê en luister, het sy nog nooit so hard in haar lewe gebid soos nou nie!

As hulle haar net nie kry nie, kan sy weer haar pad huis toe deur die veld vind. Hopelik is die draad wat sy nou die aand geknip het, nog stukkend. Sy glo nie sy sal die krag hê om haarself oor die draad te trek nie.

Ewe skielik hoor Rhoenay honde blaf. *Ooooo …. nee….., asseblief! Moenie dat hulle honde loslaat om my te verskeur nie!* Sy draai haar kop effens onder die struik en sy kan sien hoe hulle die hond na die motorfiets neem om haar reuk te kry.

Dan kom die hond vinnig en gevaarlik nader. Naby die struik blaf die hond onophoudelik en dan voel Rhoenay hoe flitsligte haar skuilplek verraai. Sy word aan haar voete onder die struik uitgesleep en weer soos 'n lappop opgetel en oor 'n skouer gegooi.

Hulle loop die huis met haar hangende oor iemand se skouer binne. 'n Kamerdeur word opgestoot en dan word sy op 'n matras op die vloer neergegooi. Sy kyk op na die gesig van die man wat bo-oor haar uittroon. Dit lyk of 'n tierkat hom bygekom het! Bloed stroom uit die wonde op sy gesig uit en hy vee dit sonder skroom aan sy hempsmou af.

Haar hande en voete word vasgebind en dan verlaat hulle die kamer en skakel die lig af.

In die donker kan Rhoenay die vuil matras ruik. Sy is seker sy ruik roturiene! 'n Rilling trek teen haar ruggraat af. Rhoenay stuur 'n gebedjie op dat die rotte haar asseblief net met rus moet laat!

Haar laaste gedagtes voordat sy van pure uitputting aan die slaap raak, is aan Zander. Weet hy dat hulle haar gevang het? Is hy veilig, of het hulle hom ook gevange geneem? Hoekom het hy daardie boodskap vir haar gelos en hoekom was hy nie by die toring soos sy boodskap teen die spieël gesê het nie?

Hoofstuk Agt

Vroeg die volgende oggend loop Zander oor die straat na Rhoenay se huis. Hy het gisteraand laat 'n oproep van kaptein Wepener gehad en hy wil haar net gerusstel dat dinge amper op 'n einde is. Rhoenay moet net vasbyt en veilig bly vir so twee dae, dan sal alles oor wees en haar man se moordenaar sal agter tralies wees.

Zander lui die hek se klokkie. Siena maak vir hom die hek en dan die voordeur oop.

"Goeiemôre, Siena. Waar is mevrou Neitjie? Slaap sy nog?"

Zander sien die snaakse trek op die ou verrimpelde gesig.

"Goeiemôre, meneer Zander. Maar jy is nou 'n mooi een om vir my te vra waar is mevrou Neitjie! Sy was mos saam met jou gewees!"

Zander kyk Siena aan asof sy van 'n ander planeet af kom.

"Hoe bedoel jy nou, Siena? Ek het mevrou Neitjie Saterdagaand laas gesien, toe ek haar huis toe gebring nadat ons van die rivier afgekom het."

Siena kyk hom vraend aan. "Mevrou Neitjie is hier uit sonder haar handsak en selfoon. Sy sal dit mos nie hier los as sy iewers gaan nie, behalwe as sy saam met jou weg is nie. En jy het dan vir haar 'n boodskap gelos."

Zander verbleek merkbaar. "Watter boodskap, Siena?" en hy gryp Siena aan die hand.

"Op die spieël, meneer Zander."

"Watter spieël, Siena?"

"In haar badka ..."

Siena het nog nie eers klaar gepraat nie toe Zander reeds die trappe twee-twee ophardloop.

Hy staar geskok na die boodskap en dan kom daar weer lewe in sy bene.

Waar Siena onder staan en wag kom Zander weer die trappe twee-twee afgehardloop en al wat sy kan uitmaak is: "Nee! Nee! Nee! Asseblief! Moenie dat iets met haar gebeur nie!"

Zander hardloop by Siena verby, by die hek uit en oor die straat na sy eie huis toe.

Siena gryp haar mond vas en dan begin sy saggies prewel. "Asseblief tog Vadertjie in die hemele, moenie dat daar iets gebeur met my mevrou Neitjie nie, asseblief tog!"

Zander hardloop reguit na die telefoon toe en hy babbel so aanmekaar dat kaptein Wouter Wepener amper niks kan uitmaak wat hy sê nie. Wouter kalmeer Zander eers en toe hoor hy wat die probleem is. Wouter gee 'n string lelike vloekwoorde en dan kom hulle ooreen waar om te ontmoet.

Rhoenay word wakker toe 'n sleutel in die slot knars. 'n Jong Indiese meisie kom die kamer binne en sit 'n sopbord vol kos voor haar neer. Dan maak sy Rhoenay se hande los en verlaat die kamer. Rhoenay kom orent en hoor hoe die kamerdeur weer gesluit word.

Die bord kos lyk en ruik soos kerrie. *Ugh! Wie eet nou kerrie vir ontbyt?* Sy gril so dat al haar nekhare orent staan.

Sy val weer uitgeput op die matras neer. Haar kop is nog seer van die twee houe gisteraand. Sy sien daar is diefwering voor die vensters, so 'n ontsnapping op daardie wyse lyk onmoontlik.

Na omtrent 'n uur kom die meisie weer die kamer binne. Sy kyk vraend van Rhoenay en dan na die bord kos. Rhoenay skud net haar kop en vra of sy die badkamer kan gebruik.

Die meisie maak die toue om haar voete los en loop voor Rhoenay uit na die badkamer toe. Die badkamer is in die verste hoek van die huis. Die meisie beduie vir haar om in te gaan en toe Rhoenay die deur wil toemaak, skud die meisie haar kop.

Rhoenay is desperaat om haar blaas te ledig en gaan sit maar gedweë op die toilet met die deur op 'n skrefie oop sodat die meisie haar kan dophou.

Nadat sy haar hande en gesig ook sommer afgespoel het, word sy teruggeneem na die kamer en haar voete en hande word weer vasgebind.

Rhoenay se lyf is baie seer en sy raak weer dadelik aan die slaap. Sy weet nie hoe lank sy geslaap het voordat sy ru uit haar slaap wakker geruk word nie. Iemand het haar aan albei arms opgetel en sy word gesleep na waar sy in 'n stoel neergeplak word.

Die deur word oopgemaak en dan verskyn die wrede gesig van Sulliman voor haar.

Hy kom so naby aan Rhoenay se gesig dat sy die rooi aartjies aan beide kante van sy neus kan sien. Daar is hare wat op sy neus groei en skielik herinner dit haar aan 'n renoster se horing. Sy asem stink na drank en knoffel.

"Jy dink jy is slim nè, Prokureurtjie? Jou man het ook gedink hy is slim en nou is hy ses voet onder die grond! En as jy nie oppas nie, gaan jy nou-nou met hom verenig word!"

Voordat Rhoenay haarself kan keer, spoeg sy hom vol in die gesig. Hy klap haar bo van die stoel af sodat sy kreunend in 'n bondel bly lê.

Rhoenay word weer rof opgelig en in die stoel neergegooi.

"Nou luister jy mooi na my. Ek soek jou man se rekenaar en al die kopieë wat jy gemaak het van die papierwerk wat met ons te doen het. Ek wil weet vir wie jy almal vertel het van die grond wat in my naam geregistreer is. En jy beter vinnig gesels, Vroumens!"

"Vlieg hel toe, jou vuilgoed!"

Rhoenay word dié keer met die vuis deur die gesig geslaan sodat sy in die een hoek van die kamer beland. Haar lip is seker oopgekloof want sy kan die bloed op haar lippe proe.

Dan hoor sy hoe Sulliman opdrag aan iemand gee om 'n inspuiting te bring.

Sy word weer opgelig en op die matras neer gegooi en dan voel sy hoe 'n inspuiting in haar arm wegsink.

Skielik voel Rhoenay heel deurmekaar en sy kan nie haar ledemate beweeg nie. Amper asof sy verlam is. Dit moet die inspuiting wees wat dit veroorsaak. Gelukkig het hulle nou almal die kamer verlaat en kan sy net in 'n bondel lê en probeer ontslae raak van al haar pyne.

In haar deurmekaarheid droom sy dat Zander hier by haar was, maar dat hy haar vir een of ander rede hier agtergelos het voordat hy weer by die deur uit is.

Sy roep sy naam, maar hy hoor nie. Naderhand skreeu sy sy naam, maar hy hoor steeds nie...

Nie te ver van die plaashuis af nie sit Wouter saam met Zander in 'n Volkswagenbussie na 'n klein televisieskerm en kyk.

So 'n week gelede het sy span speurders die Indiese meisie gevolg toe sy dorp toe is om kruidenierware te koop. Hulle het egter gesien hoe sy dwelms aan 'n jong vrou probeer verkoop en het op haar toegeslaan.

Wouter het 'n ooreenkoms met die jong Indiese meisie aangegaan. As sy hom sou help sou hy seker maak dat sy gevrywaar word van agtervolging deur die polisie.

Haar eerste taak was om kameras oral in die huis te versteek en veral op sekere strategiese plekke sodat hulle kan sien wat in die huis aangaan. Gelukkig is die kamer waarin Rhoenay haarself op die oomblik bevind ook gedek deur 'n kamera en kan hulle darem alles sien wat aangaan.

Wouter moes met mag en mening vir Zander keer toe Sulliman vir Rhoenay aanrand. Dit het mooipraat gekos om Zander in toom te hou.

"Jy kan nie net daar instorm nie! Hulle sal vir Rhoenay doodmaak! Sulliman het nie geskroom om vir Rocco dood te skiet nie en hy sal dieselfde met Rhoenay doen as hy 'n kans gegun word. Ons moet eers weet waar al die leiers is. Dán kan ons toeslaan. Ek weet dit is moeilik, maar as jy nie kan kyk nie, gaan loop dan eerder buite rond."

Zander bly egter oorkant hom sit met sy kop wat amper op die grond hang. Toe Rhoenay sy naam begin uitroep, kry hy weer lewe. Hy gaan staan by die televisieskerm en trek met sy vingers oor Rhoenay se profiel waar sy nog steeds in 'n bondel lê. Dan storm hy uit en loop soos 'n vasgekeerde tier al om die bus.

Teen die aand se kant hoor Rhoenay weer hoe die deur oopgesluit word en toe sy opkyk, sien sy vier mans voor haar staan. Sy kan die lus in hulle oë sien.

"Sulliman het gesê dat hy jou 'n laaste kans gee om hom die inligting te gee wat hy wil hê. As jy nie wil saamwerk nie, kan ons jou saam met ons vat. En gaan ons nie lekker pret hê met so 'n mooi ou dingetjie soos jy nie!"

Dan skellag die man wat so pas gepraat het en Rhoenay kan op 'n afstand sien hoe vrot sy tande is. 'n Rilling gaan met haar rugstring af soos wat sy gril. Sy sal iets moet doen om hulle 'n bietjie aan 'n lyntjie te hou. Hopelik kom Siena agter sy is vermis en gaan roep vir Zander of bel vir kaptein Wepener.

Die een man kom hurk by haar langs die matras en vee met sy hand oor haar jeans. "Hmmm... ons gaan lekker saamkuier, ek en jy," sê hy.

Die volgende oomblik klink daar 'n harde slag wat opgevolg word met nóg harde slae en Rhoenay sien hoe die man hier by haar begin skeel kyk en dan slaan hy vooroor en val bo-op haar. Dan eers sien sy die bloed. Sy skree.

Rhoenay voel hoe die man van haar opgelig word en sien dan hoe Wouter Wepener en van sy manne probeer om Zander se hande om Sulliman se nek los te kry. Sulliman is blou in die gesig en sy oë is besig op soos 'n brulpadda s'n uit te peul.

"Ek wurg jou vandag vrek, jou vuilgoed!"

"Zander! Dis nou genoeg, Zander! Laat ons nou ons werk doen. Vat jy asseblief vir Rhoenay hospitaal toe."

Zander word van Sulliman afgetrek en dan is hy by haar. Hy buk langs die matras en vryf saggies oor haar hare. Sy ruk weg toe hy saggies aan die knoppe op haar kop raak.

Dan word sy opgetel en by die huis uitgedra. Zander klim saam met haar in die agterste sitplek van 'n polisievoertuig en gee opdrag aan die polisieman om hospitaal toe te gaan.

"Ek wil huis toe gaan, nie hospitaal toe nie, asseblief, Zander!"

"Maar jy is stukkend geslaan en het mediese hulp nodig, my meisie."

"Ek wil huis toe gaan en gaan bad. Sal jy asseblief vir dokter Rademeyer vra om na my te kom omsien?"

Zander voel hoe sy kakebeen styf trek. Ja, hy sal vir dokter Rademeyer kry om na haar te kom omsien, maar hy sal hom vinnig by die huis ook uithelp sodra hy klaar is!

Zander vra die polisieman om hulle eerder na Rhoenay se huis te neem.

By die huis aangekom, maak Siena die hek en die voordeur oop. Sy slaan haar hande oor haar mond toe sy sien hoe Rhoenay lyk.

"Moenie bekommerd wees nie, Siena. Die dokter gaan nou kom om na mevrou Neitjie te kom kyk. Alles sal regkom; jy kan maar gaan slaap!"

"Aikôna! Hoe verwag jy moet ek slaap, meneer Zander, as my mevrou Neitjie só lyk?" Maar sy sê nietemin goeienag en gaan na haar kamer toe. Sy weet Rhoenay is nou in goeie hande.

Zander dra Rhoenay op na haar badkamer waar hy al haar klere uittrek en in die wasgoedmandjie gooi. Dan neem hy 'n japon uit haar kas en maak haar daarin toe. Hy laat haar op die toilet sit terwyl hy haar badwater intap. Zander kyk na al die bottels wat langs die bad staan en besluit op een nadat hy daaraan geruik het. Nie lank nie of die bad begin skuim en die reuk wat in sy neusgate oopstoot is fantasties.

Rhoenay sit hom net gelate en aankyk. Sy is te swak om haar enigsins teë te sit en laat hom dus maar begaan.

Toe die bad vol getap is, help Zander vir Rhoenay in. Hy help haar bad en was haar hare.

"Ek gaan nou gou vir jou soet tee maak terwyl jy so 'n bietjie rustig teruglê in die bad."

Zander maak die tee en sit dit op haar bedkassie neer voordat hy weer na die badkamer toe gaan. Hy vind Rhoenay nog steeds in die bad – net soos wat hy haar daar gelos het. Nuwe trane biggel saggies teen haar wange af.

Hy help haar uit die bad uit en draai haar saggies in 'n handdoek toe en laat haar op die bed lê. Dan gaan lê hy by haar op die bed. Hy vryf saggies oor haar hare terwyl hy aanhoudend met haar praat.

"Jy hoef nooit, ooit weer bekommerd te wees oor Sulliman of Jaco nie. Hulle gaan vir baie lank tronk toe gestuur word en sal eers daar uitkom as hulle stokoud is. Jy kan nou maar rus; Rocco se moordenaars is agter tralies."

Hulle lê so totdat Rhoenay se snikke bedaar het. Dan neem Rocco 'n haardroër en blaas Rhoenay se hare droog. Hy loop na haar kas waar hy na haar slaapklere begin soek.

As Rhoenay nie so getraumatiseerd was nie, sou sy gelag het as sy sy gesig kon sien tussen al die kant- en frillegoedjies in haar kas. Uiteindelik slaag Zander daarin om vir haar 'n broekie en slaaptoppie aan te trek.

Nadat hy haar gemaklik gemaak het in die bed, skakel hy vir dokter Rademeyer.

Dokter Radmeyer daag binne 'n halfuur op, gewapen met sy doktertas in die hand. Hy maak al Rhoenay se wonde skoon en smeer salf aan. Dan gee hy haar 'n inspuiting vir die pyn en sê dat dit haar ook lekker sal laat slaap.

Nadat Zander die dokter by die hek uitgesien het, gaan lê hy op sy rug langs Rhoenay op die bed.

"Jy kan maar nou rustig slaap, Meisiekind. Ek gaan die hele aand net hier langs jou bly. As jy iets nodig het hoef jy net te praat. Lekker slaap!"

Hy soen haar saggies op die wang. Dan neem hy haar een hand in syne en hou dit styf teen sy borskas vas.

Die volgende oggend word Rhoenay deur Zander wakker gemaak. Hy help haar om regop teen die kussings te sit en dan word daar 'n skinkbord met ontbyt voor haar neergesit. Zander gaan sit in een van die gemakstoele naby die bed vanwaar hy haar kan dophou.

Op die skinbord is 'n bord met 'n geroosterde broodjie op, 'n klein blompotjie met 'n rooi roos in en 'n glas lemoensap. Dit is egter die opgerolde papiertjie skuins bo-oor die broodjie wat Rhoenay se aandag trek.

Sy neem die papiertjie en rol dit oop en dan lees sy: *Nooit, ooit weer sal jy iemand anders se handskrif met myne verwar nie. Ek het jou opreg lief. Sal jy asseblief my vrou word, Meisiekind?*

Rhoenay kyk op en dan versprei daar 'n groot glimlag oor haar gesig, maar sy gryp gou na haar stukkende lip en knik net haar kop op en af.

"Is dit dan 'n ja, mevrou Rheeder?"

"Dit is 'n definitiewe ja, meneer De Ridder."

Nadat sy klaar haar ontbyt geëet het, neem Zander die skinkbord by haar.

"Ek gaan net gou-gou oorhardloop na my huis toe. Daar is iets wat ek vir jou wil gee."

Terwyl Zander weg is maak Rhoenay gou van die tydjie gebruik om aangetrek te kom. Gisteraand was sy so seer en swak dat sy nie omgegee het dat Zander haar gehelp het nie, maar sy is vanoggend baie beter.

Toe Zander terugkeer, is sy aangetrek en sit sy in een van die gemakstoele.

"Wat maak jy buite die bed, mevrou Rheeder?" raas Zander. "Die dokter het dan uitdruklik gesê jy moet vir ten minste 'n dag of twee in die bed bly!"

Zander dra 'n boks in sy hande en hy sit dit versigtig op Rhoenay se skoot neer. Binne-in is die fraaiste klein hondjie met 'n groot rooi strik om sy nek.

"Ag, foeitog, Ma! Maar is hy tog nie te oulik nie?"

Rhoenay haal die hondjie uit en hy druk sy koue snoetjie in haar nek.

Sy glimlag op na Zander wat haar nog al die tyd stil staan en aankyk. "Dankie, Zander. Dit is nou 'n oulike verlowingsgeskenk!".

"Heel oorspronklik ook, sou ek sê," en Zander lag vrolik.

"Ek stem saam. Ek het nog nooit gehoor van 'n man wat verloof raak met 'n hond in stede van 'n diamant ring nie! Dis ook net jy wat met so iets kan wegkom!"

"So jy reken ek is enig in my soort?" Rhoenay sien weer die tergduiweltjies in sy oë.

"Wat gaan ons hom noem?" vra sy terwyl sy probeer om die strik van die hondjie se nek af te haal.

"Wat van Kabouter? Dit is die naaste wat ons aan Wouter kan kom sonder om die man sy ego te knak."

"Dis oulik! Kabouter is dan sy naam!"

Rhoenay het uiteindelik die strik van die hondjie se nek af en die volgende oomblik klingel iets op die vloer.

"Nee, dis reg, strooi maar my liefde oor die vloer," sê Zander gemaak-gebelg, maar met 'n glimlag om sy mond en in sy oë.

"Wat is dit wat geval het?"

Zander tel die voorwerp van die vloer af op en dan kom sit hy op sy een knie voor Rhoenay se stoel.

"Dit is my liefdesgeskenk aan die pragtigste vrou wat hierdie aarde bewandel."

Hy neem Rhoenay se ringvinger en steek die allermooiste diamantring aan haar vinger.

Sy staar af na haar vinger en skielik wel haar oë vol trane wat oor haar wange biggel.

Zander spring op en bring vir haar 'n sneesdoekie.

Hy neem die hondjie by haar en sit hom vir 'n rukkie terug in die boks. Dan neem hy Rhoenay in sy arms en probeer haar liggies soen, sodat hy nie haar lip seermaak nie.

"Nou wil ek hê dat jy my moet belowe dat jy van nou af net gelukkig gaan wees. Ek hou nie daarvan as jy so huil nie!"

"Ek belowe, Zander!"

Agt maande later, waar Rhoenay nou as mevrou De Ridder in die Gauteng-Suid Hoërhof sit, kry Sulliman se wrede gesig dit nog steeds reg om haar te laat ril. Elke nou en dan gluur hy in haar rigting. Hy is tans in die beskuldigebank en word gepeper met vrae van die Staatsaanklaer.

Ou *Kitaarnek* het twee dae gelede onder die ondervraging geknak en erken dat Sulliman hom betaal het om Rocco te vermoor. Hy het ook erken dat 'n hele rits eiendomme wat aan die Staat behoort valslik aan Sulliman oorgedra is.

Nadat die Staatsaanklaer sy saak afgehandel het, verdaag die hof vir ete. Rhoenay stap oor die straat na 'n kafee waar sy vir haar 'n koppie koffie en 'n geroosterde hoender-mayonaisebroodjie bestel.

Stiptelik om halfdrie die middag neem Rhoenay weer haar sitplek in die hofsaal in. Haar mond en lippe is kurkdroog. Sy weet nie hoekom sy op haar senuwees is nie, maar sy is. Dit is seker maar omdat sy so lank gewag het vir dié dag. Háár dag van vergelding. Geregtigheid is al waarin sy op die oomblik belangstel.

Dit neem nie lank vir die regter om sy uitspraak te lewer nie.

Kitaarnek en Sulliman word albei lewenslank tronk toe gestuur sonder enige vooruitsigte van parool vir die moord op Rocco. Rhoenay hoor nie eens die vonnis vir die ander aanklagte nie. Sy voel skielik asof sy vasgedruk is in die hofsaal en vlug na buite.

Buite die hof leun sy teen 'n pilaar. Sy haal diep asem. Hoe lank al het sy nie gewag vir dié dag om aan te breek nie?

Rhoenay kan nog goed onthou hoe sy gevoel het toe sy die nuus gekry het van Rocco se dood. Dit het gevoel asof die son nooit ooit weer sou opkom nie.

Maar hier staan sy nou en ja, die son het wonderbaarlik weer opgekom en oor haar kom skyn!

Rhoenay kyk op en gewaar Zander waar hy op 'n effense drafstap aankom. Hy het vandag 'n vergadering gehad wat hy nie kon kanselleer nie, maar het belowe om so gou moontlik te kom.

Zander vou Rhoenay in sy arms toe nadat hy haar gegroet het. "En wat het toe gebeur?"

"Sulliman en Jaco is lewenslank tronk toe gestuur sonder enige vooruitsigte van parool."

"Mevrou De Ridder, ek het nog altyd geweet jy sou seker maak dat geregtigheid vir beide Rocco en klein Rocco sou geskied. Jy is 'n vrou duisend en ek is so gelukkig om jou myne te kan noem! Kom ons gaan huis toe!"

Doodtevrede stap die twee ingehaak deur die hekke van die hof waar geregtigheid uiteindelik geseëvier het.

www.ingramcontent.com/pod-product-compliance
Lightning Source LLC
Chambersburg PA
CBHW071126090426
42736CB00012B/2023